JN440858

녹색교회와 생명목회

녹색교회와 생명목회
- 생명을 담은 녹색교회 이야기

2013년 8월 30일 초판 1쇄 발행
2014년 12월 4일 초판 2쇄 발행

엮은이 | 예장녹색교회협의회/한국교회환경연구소
펴낸이 | 김영호
기 획 | 정진용 편 집 | 강민호
디자인 | 이도윤 관 리 | 전영수
펴낸곳 | 도서출판 동연
등 록 | 제1-1383호(1992. 6. 12)
주 소 | 서울시 마포구 월드컵로 163-3
전 화 | (02)335-2630
전 송 | (02)335-2640
이메일 | yh4321@gmail.com

ISBN 978-89-6447-211-5 03230

이 책은 대한예수교장로회총회 사회봉사부(환경보전위원회)에서
후원하여 제작하였습니다.

생명을 담은 녹색교회 이야기

녹색교회와 생명목회

예장녹색교회협의회 /
(사)한국교회환경연구소　함께 엮음

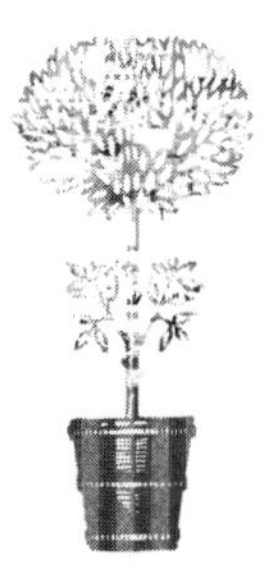

동연

우리 모두 녹색교회가 되기를 기도하면서…

늦은 밤, 동네 여기저기 불을 밝히고 있는 십자가 모양의 등이 말하고 있는 것처럼, 본디 교회의 색은 붉디붉은 '적색'입니다. 이천 년 전 팔레스타인 갈릴리라는 동네의 목수의 아들이 십자가에서 붉은 피를 흘리고 죽게 된 바로 그 순간, 그가 진정한 그리스도라고 고백하는 신앙이 시작되었기에 교회는 가장 깊숙한 곳에서부터 붉은색이 배어나올 수밖에 없는 것이지요.

하지만, 기실 우리네 교회는 이 붉은색을 황금색으로 치장하거나, 회색으로 가두어버리면서 본디 교회가 품었던 예수 그리스도의 뜨겁고 선명한 붉은색을 제대로 드러내지 못하고 있지 않나 걱정이 됩니다. 그렇다면 붉은색을 가장 붉은색답게 보이게 하는 색, 붉은 색의 보색(補色)은 어떤 색인가요? 붉은 핏자국이 아련한 흙더미에서 가냘프게 돋아난 작은 새싹의 색인 바로 푸른 녹색입니다. 자연을 통한 하나님의 은총을 상징하는 녹색이야말로 예수 그리스도의 구원을 상징하는 붉은 색을 가장 돋보이게 하면서 온전히 드러내는 색입니다. 이 책에서 이야기하는 녹색교회가 상징하는 녹색이란 바로 그러한 점에서 또 하나의 교회의 본색이고, 교회가 제 자리에 있기 위해 소중하게 간직해야 할 색인 것이지요.

그런데 지금 우리의 삶의 자리는 역사상 그 어느 때보다 녹색이 결여된 시간과 공간입니다. 기후 변화, 핵의 두려움, 자연을 거스르는 무참한 개발, 생명들의 멸종, 산업화된 재배와 사육의 문제와 같은 거대한 이야기를 굳이 들먹이지 않더라도, 지금 잠시 우리네 교회의 안팎만 돌아보아도 우리가 얼마나 녹색과 단절된 시간과 공간에서 살아가고 있는지를 알 수 있지 않습니까? 녹색은 이제 우리가 마음만 먹으면 언제든지 구할 수 있는 색이 아닙니다. 정말 우리가 몸과 마음과 정성을 다해야만 간신히 품을 수 있는 색이 녹색입니다.

그러한 점에서 이 책에서 이야기하고 있는 교회들이 간직하고 있는 녹색은 그 어느 것 하나도 섣불리, 가벼이 볼 것이 아닙니다. 이 교회들이 애초부터 녹색교회라는 이름을 얻기 위해 온 교회의 성도들이, 목회자가 땀을 쏟고 눈물을 흘린 것이 아닙니다. 농촌과 도시, 숲 속과 도심, 큰 교회와 작은 교회, 각자의 자리에서 온전한 교회가 되기 위해 걸었던 험하고 좁은 길이 살아계신 성령의 인도하심을 따라 녹색교회라는 하나의 길로 모이게 된 것입니다. 그래서 이 책을 성령이 함께 하신 교회의 선교역사를 이야기하는 '녹색행전'으로, 성령이 인도하실 교회의 미래를 이야기하는 '녹색계시록'으로, 꼼꼼히 읽어 보시기를 바랍니다. 그리하여 모든 교회가 녹색교회가 되는 그 날을 우리가 함께 마주하게 되기를 기도합니다.

그리고 이 책을 위해 시간을 내어 귀한 글을 써주신 목사님들과 교수님들의 정성과, 책을 만들기 위해 애써주신 예장 녹색교회협의회 소속 모든 교회와 총회 사회봉사부, 환경보전위원회, 기독교환경운동연대, 한국교회환경연구소, 도서출판 동연의 수고에 하나님의 생명과 평화가 가득한 선물이 함께 하시기를 바랍니다.

대한예수교장로회 녹색교회협의회

공동대표: 곽은득 박희영 손은하 이상진

추 천 사

생명공동체를 지향하는 숭고한 고백

오늘날 전 지구촌은 이상기온으로 인한 갖가지 폐해를 겪으며 살고 있고, 또한 다양한 자연적인 재해를 겪으면서 수많은 생명이 목숨을 잃으며, 갖가지 질병과 고통을 겪으면서 살아가고 있다. 이러한 문제는 이제 어떤 한 나라나 지역의 문제만이 아니라 전 지구적인 문제요, 방관할 수 없고 다함께 바람직한 해답을 찾고 연구하며 긴급하다는 긴장감을 가지고 나라와 민족과 국경을 넘어서 함께 전 지구적으로 풀어가도록 협력해야 할 무엇보다도 중요한 과제인 것이다. 이 문제를 해결하는 데 있어서는 국가의 정체성을 나타내고 있는 어떤 정치적 이데올로기나 종교적 이념도 넘어서야 할 필요가 있기 때문에 예외가 있을 수가 없는 것이다. 그만큼 지구촌의 환경문제는 우리 공동의 시급한 위기의 문제가 아닐 수 없는 것이다. 최근에 우리는 50여 일이나 지속된 지리한 장마와 또한 남부지역에 계속된 폭염과 국지성 호우로 인한 산사태와 물난리를 겪었다. 미국과 유럽에서는 폭염으로 인한 피해와 산불 등으로 인한 많은 손실을 보았다. 중국은 지진과 홍수의 피해를 보았고 일본 또한 혼슈열도 북부지역에 큰 비의 피해를 입었다.

국내 · 외 재해 구호사업을 담당하고 있는 사회봉사부 총무로서 필자는 갈수록 전 세계적인 자연적 재해의 다양성과 피해가 심각해져가고 있음을 느끼면서 기독교 환경운동의 중요성을 더한층 온몸으로 느끼고 있으며, 총회적으로도 더 적극적인 대책의 강구와 책임적 사명감을 느끼고 있다.

세계교회는 30여 년 전부터 세계교회협의회(WCC)를 통해서 JPIC(정의, 평화, 창조질서의 보전)가 이 시대의 모든 그리스도인들과 교회들이 다함께 교회적 사명과 책임으로 감당해 가야할 공동의 과제로 인식하며 연구하며 대책을 강구해 오는 노력을 기울여왔다. 이런 운동과 더불어 생명신학이 생겨나고 발전했고, 한국교회에도 생명목회라는 개념이 목회적 패러다임으로 인식되고 자리를 잡게 되었다. 바른 목회는 결코 개교회주의적으로 대형교회를 지향하는 교회성장을 궁극적인 목표로 삼는 목회가 아니라, "내가 온 것은 양들로 생명을 얻고 더욱 풍성히 누리게 하려함이라"(요 10:10)고 하신 예수님의 말씀처럼 생명을 풍성케 하는 섬김이 목회의 패러다임이 되고 이 생명은 생물학적인 생명뿐만 아니라 영적 생명과 생태계의 생명네트워크까지도 다 포함하는 종합적인 개념으로 이해되어야 하는 것이었다. 이러한 생명목회에 대한 이해가 부족한 가운데서도 일부 목회자들의 운동은 바른 목회의 지향점이 바로 생명목회임을 깨닫고 지역사회를 섬기며 마을공동체와 함께 더불어 마을 살리기 운동에 앞장서는 교회가 되기 위하여 교회의 울타리를 넘어서서 온 마을과 지역사회와 함께 소통하고 섬기고 나누며 사회발전에 기여하는 교회의 모습을 보여주기 시작하였다. 이러한 교회들의 운동은 결코 대형교회를 중심으로 이루어지지 않았고, 작은 교회들이 도리어 더 적극적으로 모범이 되어 작은 변화를 이루어내기 시작한 것이다.

본 교단 총회는 2002-2012년 10년 동안에 '생명 살리기 운동'을 펼쳐왔고 이어서 지난 해 2012년부터 향후 10년 2022년까지 '치유와 화해의 생명공동체'를 비전으로 삼아 현재 구체적인 계획과 단계별 과제들을 설정하고 있다. 총회사회봉사부는 부서 사업 중에 기독교환경운동을 담당하고 있는 '환경보전위원회'를 운영하고 있으며, 기독교환경운동연대와 밀접한 연계사업으로 다양한 환경운동을 펼쳐오고 있다. 그 중에 하나가 녹색교회운동이다. 총회도 녹색총회를 표방하고 각부서가 나름대로 열심히 에너지절약운동을 포함하여 지구촌을 살리기 위하여 환경통신강좌를 통해서 정확한 환경지식과 기독교적 환경윤리를 성서적 근거와 함께 배우고 있고, 생활 속에서 실천해야 할 과제들과 책임을 분명하게 배우고 실천하는 노력을 기울이고 있다.

오늘날 경제성장과 더불어 과소비의 시대를 살아가고 있다. 과소비적 삶에는 지나친 에너지의 과소비도 전제하고 있으며, 먹고 마시고 입고 살아가는 의식주의 모든 일상생활에 한계적인 지구촌의 에너지를 고갈시키는 행위를 또한 포함하고 있는 것이다. 이산화탄소(CO_2)의 과다 배출은 대기의 온도를 상승시키고, 오존층을 파괴하며, 산성비를 유발시키고, 갖가지 농작물의 오염과 금속의 부식과 물의 오염을 유발시킨다. 인체의 질병과 건강문제에 밀접한 관계가 있으며, 가난한 나라의 사람들은 굶어죽는 일과 마시지 못해 목이타고 오염된 물을 마심으로 갖가지 질병에 걸려 일찍 죽어야 하는 문제도, 유아사망률이 높아지는 빈곤국가의 문제도 그 나라만의 문제는 아닌 것이다.

환경문제는 개인에 국한된 문제가 결코 아니며, 한 지역과 국가에 국한된 문제도 아닌 전 지구적 연계의 문제이다. 그런 면에서 한 개인의 변화와 지역 공동체의 변화는 미미할지라도 이런 움직임이 운동화 되고 지속화 되며 전문성을 띠게 된다면 그 효과는 이루 셀 수 없을 정도의 큰 영향을 전 지구적으로 미치게 될 것으로 생각된다.

본 교단의 소속된 교회로서 기독교환경운동연대에 의하여 인정된 녹색교회들이 연합하여 네트워크를 형성하였고, 함께 나누며 협력하는 체계를 가지고 본 교단의 녹색총회를 이끌어가는 견인차의 역할을 감당하고 있다. 이번 98회 총회에서는 사회봉사부의 산하단체로 영입하게 될 청원서를 상신하게 되었고 더욱 중요한 사역을 감당하게 될 것이다.

이번에 녹색교회협의회의 소속 교회와 목회자들이 자신들이 꿈꾸며 땀 흘려 일구어 온 사역들을 소개하는 작은 책자를 발간하게 되었다. 이들의 섬김의 목회는 하나님의 창조질서를 보전하고자 하는 생명신학을 기반으로 하는 생명목회이며, 생태계의 생명을 살리는 운동이며, 마을을 살리며 공동체를 살리는 생명공동체운동이라고 할 수 있을 것이다. 또한 이러한 목회가 곧 사회를 살리는 사회선교이며, 섬김을 받으러 온 것이 아니라 섬기러 오셔서 많은 사람들을 구원하시려고 자신의 목숨을 대속물로 내어놓으신 예수 그리스도께서 섬김의 모범이 된 디아코니아에 속하는 하나님의 사랑을 증거하는 것이다. 이는 결코 어떠한 세상적인 사회운동에 속하는 것이 아니라 하나님의 나라의 지평 속에서 이루어지고 있는 하나님의 나라 운동이며, 종말론적인 신앙을 고백하고 실현하는 종말론적인 생명공동체를 지향하는 숭고한 고백적인 삶의 표현인 것이다.

이 작은 고백과 운동은 감동이 있고 우리들의 가치관과 삶의 변화를 촉구하고 있다. 결코 겉치레 형식이 아닌 뜨거운 마음 속 깊은 곳으로부터의 동감과 동참을 촉구하고 지향해 가야할 방향을 제시하며 함께 가자고 손짓하는 거룩한 초대장이 담겨져 있다고 느끼는 것이다. 이 초대에는 더 이상의 체면과 자존심이 필요 없을 것이다. 대형교회라고 하는 허울이 장애가 될 수도 있으나 조금만 더 깊이 묵상하고 주님의 부르심으로 인식된다면, 더 용기를 내고 힘을 내어 과감한 변화를 위한 껍질 벗기의 탈바꿈도 결코 불가능한 것이 아닐 것이다. 도리어 적극적으로 도시의 대형교회들이 앞장서서 녹색교회를 지원하고 함께 연대하며 이러한 운동에 동참해야 한다고 믿는다. 여러 가지의 방법으로 더 효과적으로 뒷받침함으로써 함께 공생하며 상생할 수 있는 길을 모색할 수 있을 것이다.

선구자, 선각자, 개척자와 같이 묵묵히 이 길을 걸어오신 녹색교회의 목회자들에게 뜨거운 감사를 드리며 수고에 머리를 숙인다. 이 책을 통하여 우리 모두가 만물을 새롭게 하시는 우리 구주 예수 그리스도의 거룩한 부르심을 세미한 음성으로 들을 수 있도록 기쁜 마음으로 추천한다.

이승열 목사
(총회사회봉사부 총무,
Dr. Theol. Diplom Diakoniewissenschaft)

추 천 사

하늘에서 이루어진 뜻 땅에서도…

우리 교단에 환경운동을 실천하는 녹색교회가 많아져서 그 사례집이 나온다니 기쁩니다. 누구보다도 하나님께서 기뻐하실 것이라 생각합니다. 왜냐하면 교회의 환경운동은 창조주 하나님을 실천으로 고백하는 일이기 때문입니다. 정말로 안타깝게 생각하는 것은 많은 교회가 아직도 하나님의 창조세계를 보전하는 일을 교회의 중요한 사명으로 생각하지 못하고 있다는 점입니다. 이러한 현실에 대해서 일선에서 환경운동을 해왔던 저도 그 책임을 통감하는 바 입니다. 하나님과 교회에게 죄송하게 생각합니다.

환경운동을 하던 저는 지금 가난한 자가 복이 있다는 말씀에 의지해서 산에서 기도하며 노동하는 삶을 사는 데, 이것이 우리 교회가 십자가 신앙을 회복하는데 조금이라도 도움이 되기를 감히 바라고 있습니다. 사실 교회가 소비를 줄이고, 작고, 단순하고, 불편한 삶이 환경을 살린다는 사실을 이해하고 실천하는데 소홀한 것은 근본적으로 십자가 신앙이 허약하기 때문이 아닌가 생각해 봅니다.

그러나 그 반대로도 생각할 수도 있습니다. 즉, 절제하는 마음을 가지고 일상의 삶에서 불편하게 사는 것을 훈련하다보면 십자가 신앙이 더 든든해질 수도 있겠다는 생각을 해봅니다. 그렇다면 교회의 환경보전을 위한 실천은 기독교 신앙의 본질이라고 할 수 있는 십자가 신앙을 회복하게 한다고 볼 수 있습니다. 그런 것 같습니다. 그런 면에서 이 책에 기록된 녹색교회들의 실천이 얼마나 중요한지 알 수 없습니다.

간절히 바라기는 이 책이 한국교회들에게 창조세계의 보전의 사명을 다시금 일깨우고, 실천에 이르게 하는데 쓰임을 받기 원합니다. 그리고 더 나아가서 십자가 신앙을 회복하는데 이르도록 하기를 바랍니다. 그리고 아울러 기존의 녹색교회도 더욱 좁은 문으로 들어가기를 힘써서 환경운동을 더 심화시키고, 그래서 십자가 신앙을 주위의 교회에게 전할 수 있기를 바랍니다. 그동안 이 일을 하신 모든 분들께 깊은 감사와 경의를 표합니다.

김영락 목사

‖ 차 례 ‖

2부_ 생명목회

1부

녹색교회 이야기

고기교회 | 안홍택 목사
광동교회 | 방영철 목사
새터교회 | 안지성 목사
신양교회 | 차정규 목사
쌍샘자연교회 | 백영기 목사
아름다운교회 | 전규택 목사
은광교회 | 이동준 목사와 생명살리기위원회
작은교회 | 곽은득 목사
정읍중앙교회 | 박종식 목사
주산교회 | 김광훈 목사
청지기교회 | 이진형 목사
하남영락교회 | 한규영 목사
하늘담은교회 | 남정우 · 신정환 목사
혜현교회 | 김성국 목사
황지중앙교회 | 이상진 목사

고기교회*

정의, 평화, 창조 질서 회복의 목회

고기교회는 용인시 수지구 고기동 200번지의 광교산 숲 속에 위치해 있습니다. 도로변에서는 잘 보이지 않아 교회를 찾아온 사람들이 그냥 지나쳐 가기도 합니다. 물론 교회 명패가 길가 이정표에 걸려 있지만 그리 크지 않아 보지 못하고 지나가는 경우가 많습니다. 그래서 종종 교회 식구들이나 지인들은 안내 간판을 큰 길에 설치하면 좋겠다고 말하곤 합니다. 하지만 찾아오는 사람들이 그다지 많은 것도 아니고, 꼭 찾아오고 싶은 사람들은 내비게이션으로 어렵지 않게 찾아옵니다. 향기 나는 꽃이 벌과 나비를 부르듯, 교회는 그리스도의 향기를 풍겨야 하지 않는가 싶습니다. 마치 은은한 난의 향기처럼 말입니다.

* 안홍택 목사. 경기도 용인시 수지구 고기동 200. 031-262-5522. www.gogi.or.kr

교회 전경

간판

교회 야경

이런 향기를 품은 교회로 되기 위해 고기교회는 다음과 같은 교회를 지향합니다.

첫째, 지역 속의 교회를 지향합니다. 이것은 지역과 소통하고, 지역과 나누며, 지역 공동체로서 함께한다는 것입니다. 둘째, 지금의 시대를 예언자적 관점을 가지고 바라보며, 능동적으로 역사현실에 참여하는 교회입니다. 셋째, 녹색 지향적인 교회입니다. 교회가 온 지구촌의 세기말적 관심에 참여하는 것은 당연한 것입니다. 넷째, 종말론적인 공동체 교회를 지향합니다. 세상의 가치에 연연하지 않고 하나님 나라의 가치를 지향하며 기도하는 공동체가 되고자 합니다.

가능한 한 아무것도 하지 않기

한 사마리아 여인이 예수님과 대화하는 중에(요4:5-30), 이곳에서도 예배를 드리고 저곳에서도 예배를 드리라고 하면 과연 어디에서 예배를 드려야 하느냐며, 유대인들의 종교성에 대한 거부감을 예수님에게 드러내 보입니다. 그러자 예수님은 여기도 저기도 아니고, 예배를 드리는 사람들이 영과 진리로 예배를 드릴 때가 오는데, 지금이 바로 그 때이며, 또한 그렇게 예배를 드리는 사람들을 찾고 계신다고 말씀하십니다.

20여년 고기교회에서 목회를 하는 동안, 주님의 날 오전과 저녁 예배 안에서 쉼–거룩–생명–기쁨–평화를 맛보는 일 외에는 아무런 프로그램을 진행하지 않았습니다. 공동체 식사 후에 다양한 프로그램을 할 수도 있었지만, 글자 그대로 아무것도 하지 않고 아침과 저녁때에 신령과 진정으로 드리는 예배를 통해 하나님 안에 머무

공동 식사 후엔 쉼을…　　교회 앞 시냇가에서 견지 낚시

는 것으로 만족했습니다. 여름 장마가 지나고 나서는(1년에 딱 한 번 물이 맑아지고, 수량이 늘어 고기들이 제법 잡힙니다) 교인들과 함께 교회 앞 시냇가로 나가 견지낚시를 하기도 했습니다. 교인들 모두 그저 교회 터에서 놀며 편하게 있다가 집으로 돌아갑니다.

물론 프로그램이 아주 없을 수는 없겠지만, 고기교회는 인위적인 프로그램을 지양합니다. 그냥 아무것도 하지 않으므로 하나님께서 우리 모두에게 찾아와 함께하시는 것이 좋습니다. 그렇다고 긴장감을 놓을 수는 없습니다. 편의주의도 사양합니다. 수요일 저녁에는 성경강해를 하고, 새벽에는 성경읽기표의 말씀을 읽고 기도의 제목을 놓고 기도합니다. 그러나 40일 작정기도와 같이 계획하고 하거나 특별히 제목을 놓고 기도한 적은 없습니다. 그저 기도 제목을 올려놓고 기도를 합니다.

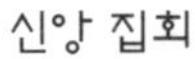
신앙 집회

영성강좌

지역교회와 연합하기

고기교회는 의왕 청지기교회, 군포 한무리교회와 제직수련회, 중고등부 수련회, 찬양발표회, 연합 체육대회 등의 연합활동을 필요할 때마다 함께하고 있습니다. 모두 작은 교회를 지향하는 교회들입니다. 교회가 커지기보다는 작은 교회들이 서로 연합하여 함께 하나님 나라의 일을 해 나가는 것이 좋습니다. 지금은 친교, 수련회 연합 개최의 수준이지만, 보다 더 많은 하나님 나라 사업에 함께 할 수 있는 기회가 올 것입니다. 이미 한무리교회의 장학회로부터 저희 교회 학생이 장학금을 받고 있습니다.

보리떡 다섯 개와 물고기 두 마리의 나눔의 풍요로움과 물이 포도주로 바뀌는 변화와 생명의 축제가 있는 교회

예수님이 병자들을 고치고, 귀신을 쫓아내고, 놀라운 하나님의 말씀을 전하자 많은 사람들이 예수님을 따르기 시작하였습니다. 한 번은 갈릴리 바닷가 언덕에 많은 사람들이 모였는데, 저녁때가 되어도 사람들이 돌아가지 않았습니다. 사람들 각자 마을로 돌아가 식사하도록 하자고 제자들이 예수님께 청하자, 예수님은 제자들에게 직접 먹을 것을 주라고 합니다. 제자들이 단지 보리떡 5개와 물고기 2마리가 있을 뿐이라고 말씀드리자, 예수님은 그것을 가져오라 하신 후, 그 떡과 물고기에 축사를 하시고 제자들에게 나누어 주라 하셨습니다. 이 기적의 이야기에서 보아야 할 것은, 주님은 우리에게 없는 것이 아니라 우리에게 있는 것을 사용하신다는 것입니다. 비록 보잘 것 없지만 우리에게 있는 것으로 예수님은 5천명을 먹이는 놀라운 역사를 만들어 냈습니다. 우리는 작은 음악회, 전통탈춤, 추수감사주일 생태축제, 대보름축제를 통해 입히시고 먹이시는 예수님의 은혜를 경험했습니다.

사람들은 고기교회가 시대적 이슈로 떠오르는 현장을 찾아가는 것에 대해 이해하지 못하며, 심지어 오해를 하기도 합니다. 그러나 호켄다이크는 그의 책 『흩어지는 교회』에서 산업혁명기의 교회들이 공장 노동자들의 열악한 삶을 외면한 탓에, 결국 노동자들은 하나님 없이 스스로 살아가게 되었고 유럽의 교회들은 몰락하기

연합체육대회

장학사업

시작했다고 지적했습니다. 고기교회가 정치적으로 이슈가 되는 시대적 아픔의 현장에 찾아가는 이유는 단 하나, 다만 고통 받는 곳에 함께하기 위함입니다. 2007년에는 태안반도 삼성중공업 예인선 기름유출 현장을 찾았고, 용산철거민의 아픔을 함께 했으며, 4대강 개발에 대한 반대의 뜻을 담은 십자수를 놓기도 했습니다.

팔당 기도처에서

요한계시록 5장에는 하늘 교회의 비전이 기록되어있는데, 그 곳에 어린양 한 마리가 보입니다. 그런데 그냥 어린양이 아니라 6절에 보면 '죽임을 당한 것 같다'고 합니다. 하늘 보좌에 함께 있는

태안반도 기름유출 현장에서의 봉사활동

어린 양에 대한 비전인데, 왜 하늘 영광, 존귀, 찬양, 권세의 자리에 '죽임을 당한 것 같은' 비전이 보일까요?

땅에서 이루어진 일이 하늘에서도 그대로 드러난다고 생각합니다. 실제 하늘 보좌에 앉으신 분의 오른손에 들려있는 두루마리의 일곱 봉인을 떼고 그 내용을 읽고 해석할 수 있는 분은 바로 어린양입니다. 성경은 이 어린양 예수 그리스도가 그 두루마리를 읽고 해석할 수 있는 것은 그가 이 땅에서 죽임을 당하였기 때문이라고 말씀합니다.

이 죽임당한 것이란 무엇일까요? 이 지구상에는 과거와 현재, 미래에 이르기까지, 그렇게 억울한 죽음, 이해할 수 없는 죽음, 받아들일 수 없는 죽음, 고통, 아픔이 계속되어왔고 또한 계속될 것입니다. 지금은 우리나라의 강과 산이 그 죽음을 당하고 있습니다. 이 강의 고통스러운 죽음 앞에서 또 다른 많은 감추어진 죽음과 아픔을 바라봅니다.

이 죽음, 이 아픔이야말로 이 세상 섭리와 경륜, 하나님의 계획, 창조 질서의 비밀과 이치를 열 수 있고, 읽고 해석할 수 있는 유일한 길이며, 궁극에 하늘 영광, 존귀 찬양의 자리에 주님과 함께 설 수 있는 삶의 모습이라고 믿음으로 고백합니다.

2010년4월20일 팔당 기도처에서

구제역 참회예배

2011년 봄 3월26일, 향린, 강남향린, 들꽃향린교회 및 여주환경운동연합과 함께, 여주 남한강 지류 복하천 모래사장에서 '생매장 당한 수백만 생명을 위한 참회예배'를 드렸습니다. 인간의 무자비한 폭력, 가축들의 비명을 생각하면 지금도 가슴이 두근거립니다. 이 세상에 인간의 만행을 드러내고, 하나님께 우리의 죄를 고백하는 간절한 예배를 탈출극으로 드렸습니다.

주님 다시 오시는 날, 모든 피조물을 부활로 인도하시는 주님의 손길을 따라 수백, 수천, 수억의 생명을 하늘로 올리는 위로, 아니 그 날 참석한 모두에게 성령님의 참 하늘위로가 있었습니다.

지역의 시민사회와 연대하기

한일합병 100주년 일본통신사 환영하기, 6·2 지방선거 좋은 후보 선정하기, 용인시 참여 예산, 시의회 및 행정 모니터링하기, 지역에서 남북통일운동하기 등을 지역 시민사회와 함께 연대했습니다.

1995년 성남시 분당구 석운동, 대장동 지역 광교산 일대 27만평에, 휘발유와 항공유 등 1백97만 배럴의 기름을 저장하는 국내 최대 규모의 수도권 남부저유소가 들어서는 문제가 지역 현안으로 되었습니다. 고기교회는 시민의 삶과 생태계에 엄청난 위협이 될 수도 있는 저유소가 단지 국책사업이라는 명분으로 시민들의 의사를 무시한 채 일방적으로 건설되고 있는 것에 반대하여, 지역 시민단체들과 함께 1995년 5월 30일의 토론회를 시작으로 남부저유소 설치반대운동을 전개하였습니다.

레미콘차를 막기 위해 필사적으로 차 밑으로 기어 들어가면 호스로 찬 물을 뿌려대, 엄동설한에 물을 흠뻑 뒤집어쓰기도 했습니다. 그러기를 2년 반, 결국 서울 남부저유소는 보존 녹지 30만 평에 그 웅장한 모습을 드러내었습니다. 처음에는 저유소 설치 반대투

쟁에 참여하려 한 것이 아니라, 그저 주민들의 마음을 하나로 묶어 주는 역할이나 해야겠다고 나선 것인데, 언제부터인가 싸움의 제일 선두에 서게 되었습니다. 서울 남부저유소는 재벌들의 이익을 위해 국가가 국민의 삶의 권리를 빼앗은 전형적인 사례입니다.

건교부는 여러 재벌들이 공동출자하여 세운 대한송유관공사(이름만 공사이고 실제로는 주식회사)의 이익을 위해, 도시계획시설 기준 규칙에 '보존녹지'라는 단어만 추가하여 주민들의 동의 없이도 시설물을 설치할 수 있게 해주었습니다. 유류저장시설을 규제가 약한 자연녹지(그린벨트)에 설치하려면 주민동의가 필요하지만, 보다 규제가 강한 보존녹지에 설치할 경우에는 오히려 동의가 필요 없는, 그야말로 황당하고 형평성을 잃어버린 법 개정이 되고 말았습니다.

낙생저수지는 광교산 자락 수도권 지역에 위치해 있음에도 자연환경이 잘 보전되어 왔습니다. 황새, 왜가리, 백로, 청둥오리 등의 철새들이 텃새로 정착하였고, 얼마 전 까지만 해도 빙어가 서식하여 산란기에는 빙어들이 하천을 따라 상류지역인 저수지까지 올라오기도 했습니다. 낙생저수지는 여전히 반딧불이가 서식하고 있는 건강한 하천 지역인데, 행정기관이 개인이 운영하는 골프 클럽에게 공원 사용을 허가하여 환경 파괴, 수질오염을 초래했던 바, 지난 2006년 지역 주민 및 시민단체들과 함께 설치반대 운동을 전개하였습니다.

백암면 가창리 청정지역에 가구단지가 들어선다는 안타가운 소식에, 지역주민과 용인환경정의가 그 곳에 서식하고 있는 솔부엉이를 지키기 위해 축제를 열었습니다. 우리는 15년 전 남부저유소 반대운동 때 많은 이웃들이 동참해주었던 은혜가 생각 나, 가장 열심히 저유소 설치 반대를 외쳤던 고기리 할머니 4분과 함께 축제 현장을 찾았습니다.

고기교회, 지역주민, 상우회, 학교, 종교계가 합심하여 EM원액으로 흙공을 만들고, 원액을 직접 투입하여 하천을 맑게 하는 사업을 시작하였고, 폐식용유를 이용하여 재생에너지를 만들기도 했습니다.

인문적 사회가치란 소통이다

오순절 다락방의 성령 강림을 통해 모든 단절된 것들의 소통이 가능해졌습니다. 소통이란 내가 생각하고 느끼는 것을 상대방에게 정확히 이야기 하고, 또한 상대방의 이야기를 상대방이 의도한 대로 정확히 이해하는 것입니다. 피스보트, 간이역 탐방, 글쎄다 문학책 읽기, 철학여행을 통해 소통이라는 소중한 가치를 배울 수 있었습니다.

글쎄다 문학책읽기 모임에서는 마을 분들과 교인들, 시인, 동화작가, 교수 등 여러 사람들이 지난 6년 동안 도스토예프스키, 조지 오웰, 카프카, 토마스만, 세르반테스, 애드가 알렌 포, 찰스 디킨스, 윤흥길, 황만근… 등의 작품을 읽고 토론하는 모임을 가졌습니다. 참여자 모두가 인간, 인생, 삶의 깊이를 맛보는 시간이 되었고, 지난 가을에는 '글쎄다 시 쓰다' 창작시 발표회도 가졌습니다.

2009년 2월 청소년 인문교실에서 부모와 함께 간이역 여행을 떠났습니다. 거대함과 속도, 그리고 개발과 같은 돈의 문명, 거인족 문화에 쫓겨 사라져가는 장소를 찾아보았습니다. 느림, 쉼, 여유, 그리고 소통 등의 가치의 소중함을 배울 수 있었습니다.

2011 여름 청소년 인문교실의 대표 멘토 조한혜정 교수는 '피스보트를 타고 제주도로'를 기획하면서 "이번 여행은 청년과 청소년들이 자신들에게 주어진 '한 평생'을 한껏 잘 살아가기를 기도하는 마음으로 기획했다. 탐욕의 시대를 넘어 겸손해진 존재로 시대를 학습하고, 경쟁에 길들여진 몸과 마음을 바꿀 기회가 되기 바란다. 많은 어른들이 이들과 함께 항해하면서 선물을 줄 준비를 하고 있다. 육지와 바다의 경계에서 함께 만들어갈 세상에 대한 이야기가 시작될 것"이라고 말했습니다.

우리 고기교회 아이들은 타 지역 아이들의 자유분방함에 충격을 받았지요. 집에 와서 학교를 자퇴하겠다는 이야기도 솔솔 나왔지만, 시간이 지난 후 모두들 다시 일상으로 돌아갔습니다.

지역 어린이와 청소년들을 위한 공간: 밤토실 어린이 도서관

밤토실 어린이 도서관은 사교육과 폭력적, 선정적인 컴퓨터 게임, 만화와 같은 환경에 노출된 아이들, 특히 지역적으로 폐쇄되어 바깥 세상에 대한 허상에 사로잡히기 쉬운 우리 동네 아이들에게 상상력과 창의력을 드러내 주고, 미래의 문을 열어주며, 자신이 필요로 하는 것을 스스로 찾아 자신의 것으로 할 수 있는 능력을 키울 수 있는 자리, 그리고 편안히 휴식할 수 있고, 부모와 함께 좋은 문화를 나눌 수 있는, 더 나아가 마을의 공동체가 이루어지는 터가 될 것입니다 .

글을 마무리 하며

2008년 대보름 축제에서 한 마디 하라는 말에 저는 그만 덜커덕 신경림 시인의 낙타 이야기를 꺼냈습니다. 신경림 시인은 2008년에 낙타라는 시집을 냈습니다. 사막과 낙타를 주제로 한 그의 시집에서 시인은 밤의 별빛을 보며 돌아가리라고 다짐합니다. 그런데 시인은 한겨레신문의 인터뷰에서 기자가 어디로 돌아가느냐고 묻자, 본질로 돌아가는 것이라고 대답합니다. 또 기자가 본질이 무엇이냐고 물었을 때, 시인은 가난해지는 것이 본질이라고 말합니다. 맞습니다. 우리 모두는 맨손으로 태어났고, 흙에서 나왔습니다. 그러므로 내가 지금 아무리 많이 움켜쥐고 있어도 결국 그것은 내 것일 수 없습니다.

제가 사물놀이 팀과 교우들 앞에서 올 한 해는 "가난해지기를 바랍니다"라고 말하자, 강남향린교회 이병일 목사님께서는 "그대로 될지어다" 하면서 축복을 해 주십니다. 더욱이 사물놀이 팀은 할렐루야, 아멘! 하면서 흥까지 돋웠습니다. 저는 속으로 "우리 교회와 교인들이 그렇게 잘 사는 것도 아닌데 여기서 더 가난해지면 어쩌나" 하면서 나름 심각하게 고민했습니다.

그러나 가난은 교회가 가야할 길입니다. 교회는 함께 나누는 것을 기뻐하고 즐거워하며, 하나님 은혜 아래 머물러 있어야 합니다. 가난한 자가 복이 있다고 했습니다. 이것은 주님의 말씀입니다. 주님은 모든 것을 다 버리고, 심지어 생명까지 내어 놓으셨습니다. 비록 금은보화는 없어도 나사렛 예수의 이름이 있는 고기교회가 되기를 바랍니다. 그리 되려면 먼저 축제와 놀이가 있어야합니다. 축제와 놀이가 없으면 살맛이 있을 수 없습니다. 언제나 가나의 결혼잔치와 같은 축제 속의 고기교회가 되기를 기도합니다.

광동교회*

앎에서 삶으로!
녹색교회 실천 이야기

예수님께서 말씀하신 가장 큰 계명은, 첫째가 하나님 사랑이요, 둘째가 이웃 사랑입니다. 그 두 가지 사랑을 이 시대 속에서 실천한다고 했을 때 할 것 중의 하나가 환경 보호 및 보전 운동이라고 생각합니다. 왜냐하면 하나님이 지으시고 보시기에 좋았더라 하신 자연을 하나님 보시기에 좋은 대로 보전하는 것은 하나님을 사랑하는 일이며, 또한 이웃과 후손들이 살아갈 환경을 보호하고 보전하는 것이야 말로 바로 이웃을 사랑하는 길이기 때문입니다. 그러므로 환경 운동은 하나님 사랑과 이웃 사랑의 차원에서 감당해야 할 일이라고 생각합니다.

---

* 방영철 목사. 서울시 관악구 봉천 6동 1681-24. 02-877-0275. www.gwangdong.or.kr

더욱이 교회와 지역사회 간에 많은 오해와 편견이 존재하는 오늘의 상황에서, 환경 보호 운동은 서로를 신뢰하며 만나게 해 주는, 교회의 참모습을 보여줄 수 있는 귀한 장이 되고 있습니다. 그러므로 교회들은 21세기 선교의 한 영역인 환경 선교를 감당할 수 있도록 각자에게 주어진 상황을 잘 파악하고, 지역사회와 협력해 함께 일을 해 나가도록 해야 할 것입니다.

우리 교회는 서울시 관악구에 위치하고 있으며, 200여 명의 성도들이 노아의 방주와 같이 생명을 구원하는 교회, 에덴동산과 같이 안식을 누리는 교회, 빛과 소금과 같이 세상을 섬기는 교회라는 목적을 가지고 교회를 섬기고 있습니다. 이 글에서는 우리 교회에서 하는 일 중에 환경선교와 관련된 몇 가지를 함께 나누어 보겠습니다.

남의 땅에 꽃 심기

하나는 교회 주변의 자투리땅을 가꾸는 일입니다. 2004년에 리처드 레이놀즈가 게릴라 가드닝을 조직해서 현재에도 그러한 일들이 국내외에서 진행되고 있다고 들었습니다. 우리는 흔히 꽃은 내 땅에만 심는다고 생각하지만, 서울 도심에도 잘 살펴보면 꽃을 심을 수 있는 자투리땅들이 얼마든지 있습니다. 약간의 비용과 노동만 들이면 우리의 주변 환경을 보다 더 아름답게 가꿀 수 있는 것입니다.

교회 이웃 청소하기

매월 셋째 주일 점심 식사 후에는 전교인이 교회 이웃을 청소하고 있습니다. 각 구역별로 장소를 지정해 온 가족이 함께 하는 일인데, 이웃 주민들과 관공서 관련단체 등에서 상당히 호의적인 반응을 보여주고 있습니다. 같은 지역에 있는 모든 교회들이 이 일에 동참하여 청소를 한다면 큰 효과를 기대할 수 있는 사업이라고 생각합니다.

교회 시설을 친환경적으로 가꾸기

한 가정 한 화분 가꾸기

교회 마당에 있는 화분을 각 가정에서 하나씩 책임지고 가꾸는 일입니다. 다양한 화분과 꽃들의 아름다운 모습이 모두에게 감동을 주고 있습니다.

작은 연못 가꾸기

우리 교회에는 마당 담장 옆에 작은 연못이 있습니다. 연못에 사용되는 물은 빗물과 지하수를 사용합니다. 연못에는 물고기도 있고 수초들도 있어 보기에도 좋지만, 더 큰 역할은 인근 생명체들에게 물을 공급하는 것입니다. 비둘기, 찌르레기, 딱새, 뱁새, 참새들이 물을 먹고 목욕도 하며, 나비, 잠자리 등의 곤충들도 연못에서 수분을 취하고 있습니다. 오늘날의 도시는 그 수많은 생명체들에게 물 한 모금 마실 곳조차 주지 않은 반 생태적 공간으로 되고 있습니다. 각 교회마다 하나님의 피조물들이 함께 살아갈 수 있는 배려가 있었으면 합니다.

작은 동물원 만들기

교회 마당 한곳에는 토끼와 앵무새가 함께 살고 있는 작은 공간이 있는데, 이곳은 교회와 주민들, 특히 어린이들과의 만남이 이루어지는 장소로 되고 있습니다.

교회 담장 허물기

교회의 대문과 담장을 허물어서 교회 내의 자원을 함께 공유할 수 있는 구조를 만들었습니다.

지하수 재활용하기

교회 지하실 등에서 발생하는 지하수를 하수관으로 배출시켰었는데, 이것을 저장해 두었다가 연못의 물을 공급하고 있으며, 꽃이나 나무 등에 물을 주는데도 이용하고 있습니다.

빗물 재활용하기

교회사택 1층 옥상에 하수관으로 배출되는 빗물을 저장할 수 있는 통을 설치하여, 그 물을 이용해 꽃과 나무를 가꾸고 있습니다.

교회 연못

옥상에 텃밭 만들기

사택 옥상에 텃밭을 만들어 상추, 고추 등을 가꾸고 있습니다.

EM(Effective Microorganisms) 사용하기

EM은 환경을 살려내는 특별한 기능이 있습니다. EM의 효능을 알리고 사용을 장려함으로써 환경보호운동을 지속적으로 하고 있습니다. 또한 초록가게를 통해 EM을 만들어 판매도 하고 있습니다.

폐식용유로 세탁비누 만들기

폐식용유 통을 교회 입구에 비치하여 마을 주민 누구나 버릴 수 있게 하였고, 일정량이 되면 세탁비누를 만들어 판매를 하고 있습니다. 이웃 주민들로부터 상당한 관심과 칭찬을 받는 일입니다. 각 교회도 시도해 보시기 바랍니다.

수세미 키우기

수세미는 화분에서도 잘 자라고 꽃도 예쁘게 피며, 가을에 수확

폐식용유 수거함

교회 건물 담쟁이 입히기

하는 천연수세미는 주부들에게 인기가 많은 품목입니다. 수세미 덩굴을 통하여 건물의 열차단 효과도 크고, 모양도 있으며, 창 가리개의 역할도 하고 있습니다.

교회 건물에 담쟁이 입히기

담쟁이는 잘 자라고 보기에도 좋으며, 여름에 태양열을 차단하는 효과가 뛰어납니다. 땅이 있으면 좋지만 화분으로도 가능합니다.

옥상에 태양광 발전기 설치

에너지 문제를 해결하는 방법 중에 가장 좋은 것은 에너지 사용을 절약하는 것과 더불어 친환경 에너지를 개발하고 활용하는 일입니다. 태양광 발전은 이 문제를 현실적이고 효율적으로 해결할 수 있는 방법입니다. 이러한 이유와 교육적 목적으로 2007년 6월, 태양광 발전기를 교회에 설치하여 현재까지 사용하고 있습니다.

- 발전 시설 용량	3kw/h
- 사업비 총액	20,743,000원
- 보조금 총액(정부 지원금)	14,943,000원
- 설치자 분담금	5,800,000원

초록가게 운동

기독교환경운동연대에서 주관하는 초록가게 17호점을 열었습니다. 현재는 재활용품을 기증받아 판매하고 있습니다. 물건을 재활용하는 것만큼 실제적인 환경보호운동은 없습니다.

초록가게를 통해 수익도 발생되어 교회이웃을 위하여 사용하고 있으며, 주민들과의 만남 장소로도 되어 선교의 귀한 통로가 되고 있습니다.

녹색교회를 세우는 일은 교인들을 자연에 대한 청지기의 자세와 마음을 가지고 살아가는 신앙인으로 되게 하는 것이라는 생각입니다. 환경주일 서약 등이나 지속적인 설교 교육을 통하여 그와 같은 마음과 신앙을 가지고 살아가는 교인을 양육하는 것이 환경선교의 핵심이라고 여기고 있습니다. 그러한 섬김을 통하여 그가 가는 곳마다, 만나는 사람마다, 지속적인 환경선교가 이루어질 것이기 때문입니다.

광동교회 초록가게

새터교회*

타자의 얼굴에 나타난 하나님의 녹색 흔적

새터교회는 1987년, 구로공단 여성노동자들에게 새하늘, 새땅, 새터를 열어주려는 마음으로 기독여민회(예수–여성–민중을 핵심가치로 하는 기독여성 활동가 단체, 초대회장: 조화순, 손은하)에서 세운 교회입니다. 교회보다 먼저 탁아방과 여성노동상담소가 있었으며, 이어서 공부방(지역아동센터)이 만들어져서 여성 노동자들과 아이들의 품이 되어왔습니다. 이후 열린가족상담센터를 통해 심리정서적인 지원을, 녹색가게와 벼룩시장을 통해 단순하고 대안적인 삶을, 청소년 북카페를 통해 마을중심의 돌봄과 교육을 함께 나누고 있습니다.

---

* 안지성 목사. 서울시 금천구 독산 1동 147-56. 02-867-8698. www.saeter.or.kr

생명에 관심을 가지게 되다

"우리는 하나님의 손으로 창조된 자연의 고통과 죽음을 아파하며 고통 가운데 있는 자연을 되살리는 일에 우리의 사랑과 삶을 기꺼이 나누겠습니다."

- 새터공동체의 신앙고백 중에서

새터교회 공동체가 생명에 관심을 가지게 된 것, 이른바 녹색교회를 지향하게 된 것은 퍽 자연스러운 일이었습니다. 생명과 자연에 대한 관심은 교회가 가지고 있던 여성성, 민중성으로부터 자연스럽게 이어질 수 있었습니다. 여성들은 생명을 낳고, 생명을 중심으로 반응하는 몸이므로, 아이를 낳고 기르면서 부쩍 늘어나는 아토피나 중이염, 천식 등 환경의 변화로 생겨난 질병들을 온 몸과 마음으로 만날 수밖에 없습니다. 아이들에게 급격히 늘어난 이러한 질병들은 생명과 생태를 중심으로 우리들의 삶을 새로 재편하게 했습니다. 다른 한편으로는 소외되고 억압받는 것에 민감했던 민중지향적 감성도 생명과 자연에 관심을 갖게 한 자연스러운 동인이었습니다. 사람들이 더 편리하고 빠른 세상을 만들어가는 동안, 말 없는 자연은 가장 밑바닥에서 고통 받으며 죽어가고 있습니다.

도시에서 동네사람들과 환경 살리기

-새터 녹색가게와 벼룩시장 이야기

1. 새터녹색가게 (2002.6.9.~2007.8.31.)

1) 설립배경

2002년 6월 9일 새터녹색가게가 문을 열었습니다. 녹색가게는 크게 두 가지 필요에서 만들어졌습니다. 첫째는 바자회와 알뜰장터에서 확인된 지역주민들의 요구였는데, 주민들은 헌옷을 값싸게 구입할 수 있는 공간과 기회를 필요로 했습니다. 둘째는 자원재사용과 재활용을 통한 환경 살리기의 필요성입니다. 이상의 두 가지 필요의 만남으로 새터녹색가게가 독산동 한 골목에 자리를 잡고 문을 열게 됩니다.

새터녹색가게

2) 매장운영과 활동

새터녹색가게는 지역주민들과의 새로운 소통 공간으로 자리 잡으며 헌옷과 생활용품 등을 저렴한 가격에 구입하려는 지역주민들의 요구에 부응해 나갔습니다. 매장은 매주 월요일부터 토요일까지 지역 자원봉사자들을 통해 운영되었습니다.

녹색가게는 두 개의 프로젝트를 진행했습니다. 2005년에 진행한 '앗! 버려진 우산이 앞치마로'라는 사업은 구내 어린이집에서 수거한 우산천을 재활용해 다시 어린이집에 미술용 앞치마와 토시를 보급하는 작업으로, 어린이들과 교사들에게 재활용의 의미를 생생하게 교육하였습니다. 다음 해 이어진 '다시 쓰면 살아나요'는 되살림 강좌와 교육, 되살림 축제를 아우르는 프로젝트로서 버려지는 것들을 되살리는 재창조의 작업을 소개, 현재까지도 새터교회의 주요 사업으로 자리잡아오고 있습니다.

3) 환경살림의 날

녹색가게가 문을 열면서 바자회의 필요성이 줄어들었습니다. 대신 환경살림의 날을 열어 지역주민들을 대상으로 환경살림의 중요성을 알려왔습니다. 음식물 쓰레기 퇴비화 과정 시연, 유기농 밥상 판매, 친환경 제품 판매, 면생리대 만들기 및 판매 등으로 다양한 활동을 선보였습니다. 또 2005년에는 '신나는 벼룩시장, 장롱을 열어라'라는 주제로 동네 놀이터 조마공원에서 지역주민들이 직접 참여하는 벼룩시장이 처음 시도되었고, 2006년에는 되살림 제품

환경 살림의 날

들을 직접 제작해서 판매하는 되살림 축제가 기획되기도 하였습니다.

4) 문을 닫다

녹색가게가 문을 닫게 된 것은 일차적으로는 운영의 어려움 때문이었습니다. 매장 월세가 만만치 않아서 다양한 경로로 공간을 알아보았지만 여의치가 않았습니다. 또 녹색가게가 헌옷을 싸게 판매한다는 첫 번째 목적에 대해서는 어느 정도 주민들과 공감하고 있었는데, 보다 큰 목적으로 삼았던 환경을 살리는 삶으로의 전환에는 실패했다는 자기평가도 녹색가게를 다시 돌아보게 한 계기가 되었습니다. 이에 자원 재활용 및 재사용을 통한 생태적인 삶의 실천이라는 목적을 보다 적극적으로 추구하기 위해, 녹색가게의 활동을 '새터초록마당'이라는 이름으로 교회에서 계속 이어가는 것으로 하고 실질적인 가게 운영은 접게 되었습니다.

2. 우리 동네 주민 벼룩시장(2009년 ~ 현재)

1) 배경

어떻게 하면 자원 재활용, 재사용을 통한 생태적 삶이라는 목적을 잘 살리는 활동을 할 수 있을까? 어떻게 하면 지역주민들을 대상화하지 않고 그 속에서 함께 하는 활동을 만들 수 있을까? 이런 고민을 집약하여 탄생한 것이 우리 동네 주민 벼룩시장이었습니다. 교회 주변의 동네 주민들이 집에서 잘 쓰지 않는 물건들을 가지고 나와 직접 장을 펼칠 수 있도록 하는 것이다. 동네 놀이터에서 서로 물건을 사고팔면서 마을공동체를 경험하는 것, 또 자연스럽게 자원 재활용, 재사용을 통한 순환과 생태적 삶을 경험하는 것, 이것이 주민 벼룩시장을 여는 목적이었습니다.

2) 골목에서 광장으로

벼룩시장은 많은 관심 속에서 진행되었는데, 산기슭에 면한 동네 놀이터인 동산어린이공원에서 시작되었습니다. 생각보다 사람들을 불러 모으는 것이 쉽지 않았습니다. 문의 전화나 참여하는 사람들은 많이 있는데, 실제로 장을 구경하고 물건을 사러 오는 사람들의 숫자가 너무 적었습니다. 자연히 시장의 활력이 떨어졌습니다. 그 때 마침 구청과 연계가 되었습니다. 동네마다 작은 장터가 펼쳐져서 지역 공동체를 경험하면 좋겠다는 마음을 한켠으로 접고 일반적인 인식 확산과 장을 펴는 사람들에게 활력을 주는 쪽을 택했습니다. 이렇게 해서 벼룩시장은 골목에서 광장으로, 산기슭 자그마한 놀이터에서 구청 앞 광장으로 나가게 되었습니다. 2011년부터 구청 앞에서 다른 민간 환경단체들과 구청의 협력으로 펼쳐진 벼룩시장은, 평균 40팀 정도의 참여로 안정화되었습니다. 참여하는 사람들이 단순한 장사를 넘어 자원 순환에 대한 이해, 생태적인 삶으로의 전환을 이루도록 마음을 모아야 할 것입니다.

주민 벼룩시장

3. 되살림 이야기

1) 되살림 작업의 역사

녹색가게를 하면서도 여전히 버려지는 물건이 생겼습니다. 아무리 생각해도 물건을 너무 많이 만들고, 너무 쉽게 사고, 또 쉽게 싫증을 내는 우리 사회 전반의 구조가 가장 큰 문제로 여겨졌습니다. 하지만 구조적인 문제만을 생각하며 손을 놓고 있을 수는 없는 일이었습니다. 녹색가게에서도 골칫거리로 떠오른 옷가지들로 되살림 작업을 시작했습니다. 가장 많이 버려지는 청바지로 썬 캡도 만들고 슬리퍼도 만들고 냄비 받침도 만들었습니다. 지역주민들을 대상으로 강좌도 열었고, 교회에서는 여전도회 식구들과 필통도 만들고 주일학교 아이들과 나비 브로치도 만들고 성탄절 장식도 되살림 작업으로 만들었습니다.

2011년에는 구청과의 협력으로 지역공동체형 일자리 되살림공동작업장이 탄생했습니다. 작업장은 2011년 4~7월, 8~12월 총 9개월 동안 새터교회 사무실 소모임 공간에서 진행되었습니다. 수공업적 방식이지만 다량으로 물건을 제작해보는 경험, 또 벼룩시장 등을 통해 되살림작업을 알리는 홍보효과 면에서 의미 있는 작업이었습니다.

2) 되살림이 우리에게 주는 것

되살림 작업은 참으로 손이 많이 가는 일입니다. 그래도 계속하게 되는 것은 되살림 작업이 우리에게 주는 것이 많기 때문입니다. 되살림 작업은 무엇보다 먼저 우리에게 버려지는 것들을 바라보는 새로운 시선을 선물합니다. 되살림 작업장에서 일하던 언니들은 나에게 말합니다. "목사님, 이제는 지나다니면서 맨 버려진 것들만 보게 돼요." 실제로 일하러 다니는 사이사이에, 골목에 버려진 우산이며 천이며 작은 가구들을 주워 옵니다. 되살림작업을 하다보면 버려지는 모든 것들에서 쓸모를 발견하게 됩니다. 이것이 되살림 작업이 우리에게 선물하는 새로운 감수성이자 영성입니다.

또 되살림 작업은 우리 안에 잠들어있던 예술성을 일깨워줍니다. 같은 재료로 만들어도, 나오는 작품은 제각각입니다. 자기 안에 있는 것들이 밖으로 흘러나와 단 하나 밖에 없는 예술작품이 만들어지는 일도 많습니다. 이 작업을 통해서 우리는 환경을 살리는 일이 고된 일일 뿐만 아니라 아름다운 일이라는 것을 몸으로 배웁니다.

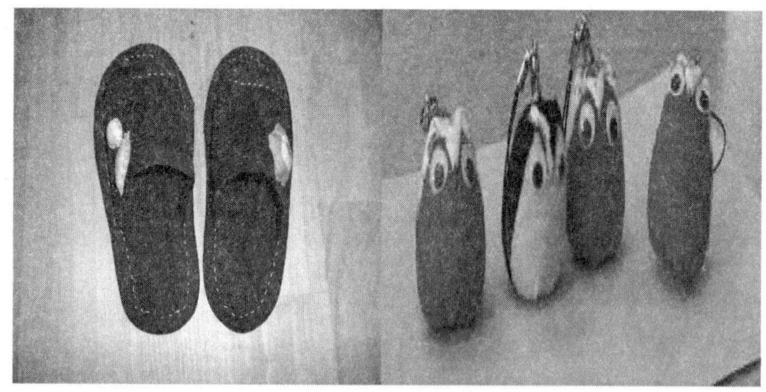

되살림 작업

녹색교회가 가지는 의미

새터교회에서 녹색교회가 갖는 의미는 무엇일까? 제일 먼저 떠오르는 대답은 '모든 것', '전부'라는 말입니다. 특별한 사명이 있어서가 아니라 우리가 생명인 이상 생명에 관심을 기울이지 않을 재간이 없어서 그렇습니다. 그래서 녹색교회나 환경선교라는 것은 교회가 하는 수많은 일들 중의 하나라든가, 여러 선교 중에 한 분야라고 말하기가 어렵습니다. 물론 이렇게 말하기에는 아직 우리 교회의 실천은 많이 부끄럽습니다. 그렇지만 지금 못한다고 바람까지 갖지 말라는 법은 없지요. 녹색교회가 가지는 의미가 우리교회의 전부가 되기를 바랍니다. 돈이나 명예, 권력이 아니라 생명을 중심으로 우리들의 삶이 새롭게 짜여 졌으면 좋겠습니다. 조금씩 조금씩 거추장스런 것들을 덜어내고 더 단순해졌으면 좋겠습니다. 조금씩 조금씩 억지로 하려는 시도들을 줄이고 더 자연스러워졌으면 좋겠습니다. 민들레가 민들레인 것을 기뻐하는 것처럼 나도 나 자신을 기뻐할 수 있었으면 좋겠습니다. 민들레가 해바라기를 바라보는 것처럼 나도 친구와 이웃을 있는 그대로 바라볼 수 있었으면 좋겠습니다.

녹색은 영성입니다. 그래서 교회의 전부입니다.

신양교회*

자연과 동행하는 신양교회

신양교회는 서울 관악산의 도시공원 안에 있습니다. 교회가 세워진 이후 도시공원으로 구역이 정해져 자연스럽게 공원 안에 자리를 잡게 된 것입니다. 그래서 자연과 함께 하는 교회, 자연속의 교회로 이미지를 갖게 되어, 일명 "숲의 교회"라고도 할 수 있습니다.

교회는 지역이 형성된 이후인 1974년에 창립되었습니다. 당시 정부의 도시 미화사업으로 진행된 재개발로 용산, 이촌동, 중구 인현동 등지에서 쫓겨난 철거민들이 강제이주 지역이었던 이곳으로 오게 되면서 지역이 형성된 것입니다. 신양교회의 처음도 도시빈민들과 함께 하는 교회로서, 생존을 위한 주민들의 아픔과 고통을 함께 하는 데에 사역의 중심을 모았습니다. 가난한 동네의 가난

* 차정규 목사. 서울 관악구 신림10동 산78-2. 02-877-9926. www.sinyang.or.kr

교회 전경

한 교회로서, 가난한 사람들의 희망과 연대를 위한 초기의 사역은 주로 외부지원과 협조의 다리 역할에 집중되었으나, 점차적으로 사역의 주체로 교인들과 주민들이 참여하게 되었습니다.

교회는 역사에 비해 수적인 성장은 크지 않았습니다. 지역주민들 대부분이 조건만 되면 이곳을 떠나겠다고 생각하고 있었고, 실제로 그랬기 때문입니다. 그래서 교인 수 역시도 제자리걸음이었는데, 얼마 후 이 지역 일부가 다시 재개발되면서 변화가 생기기 시작했습니다. 그러나 이와 더불어 지역 공동체에 균열이 오면서 가옥주와 세입자 간의 대결, 외지 가옥주와 지역 내 영세 가옥주 간의 대립 등도 생겨났습니다. 한편 교회는 건축의 계획을 세우던 중에, 당시 지역의 최대 현안이었던 쓰레기 소각장 설치 문제와 마주하게 되었습니다. 당시 50-60명의 성도들이 건축을 준비해 가는 과정 속에서 소각장 문제는 정말 커다란 난제였습니다. 그러나 감사하게도 주민들이 소각장 문제에 함께 하고자 하겠다는 요구들이 있어 우리는 교회건축 문제보다는 지역 현안을 다루는 일에 집중하게 되었습니다.

우리교회가 녹색교회에 관심을 가지게 된 계기와 배경

앞서 말한 소각장 문제는 구청이 은밀하게 진행하던 사업으로서, 구청 측이 지질조사를 위해 교회 마당을 통과하겠다고 하여 갈등하던 중, 우리는 소각장 사업의 내용을 알게 되었습니다.

당시 기독교환경운동연대에 서울시 청소사업본부의 소각장 설치 용역사업에 관한 일본 소각로 회사의 보고 자료가 비치되어 있어서 확인해 본 결과, 위치가 진행되고 있던 곳과 일치하였습니다. 이에 우리가 확신을 갖고 소각장 사업에 대한 투명성과 주민참여를 요구하면서, 교회가 환경문제에 참여하게 되었습니다. 소각장 문제에 대해 인근 아파트 주민들과 공동대응을 해나가면서도, 교회가 위치한 부지가 소각장 입구로 예정되었기에 더욱 적극적인 참여를 하게 되었습니다. 단지 님비현상으로서 반대가 아니라 소각장 사업에 대한 공정한 집행과 주민들의 참여를 요청하면서 지역교회 및 단체들과 연대하여 반대운동을 진행했습니다. 이로 인해 교회 직원들이 소각장 반대운동의 실무를 맡아 전면에 나서게 되었습니다. 소각장 사업과 교회건축의 허가 문제가 구청 업무로 연계되어

교회 곳곳에 세워진 천로역정 안내 표지목

상황이 더욱 복잡하고 어렵게 되었지만, 우리는 소각장 반대운동을 하면서 교회 건축에 대한 고민들을 더 많이 하게 되었습니다.

불신자들과 비신자들에게도 쉽게 다가갈 수 있으며, 공원 안의 환경과도 어울리는 건축을 계획했습니다. 온 세상과 교회의 투명한 관계를 유지하겠다는 의미와 상징성을 지니면서, 동시에 지속가능한 건축소재와 방향을 찾아 건축을 시도하게 되었습니다. 초기 10년 동안 겨울철에는 나무보일러(아동부에서는 아직도 사용)를 이용하여 난방을 하고 여름철에는 자연통풍을 이용한 냉방으로 버텨왔습니다. 그러나 점점 더 추워지고, 더워지면서 보조난방과 추가적인 냉난방 기구를 설치할 수밖에 없었습니다. 이런 상황에서도 교회는 주변 숲에 성서속의 나무를 심고 가꾸거나, 사라져가는 토종식물들을 심고 가꾸며 주변에 옮겨 심는 일, 소규모로 가축을 기르며 자연과 함께 사는 일 등, 자연친화적인 환경을 구축하는 활동들을 꾸준히 시도해왔습니다.

매월 네 번째 주일은 환경주일

매달 네 번째 주마다 환경주일로 정해 대중교통 이용하기(차 없는 주일), 물을 아껴 쓰고 음식물 안남기기 등을 생활화하는 것을 강조하고 있습니다. 아울러 교회 전 구역을 소그룹별로 나누어 청소를 하고 함께 관리하고 있습니다. 쓰레기 분리수거도 부서마다 실시하여 공동배출을 하고, 복사용지는 각 부서마다 구입하여 사용하기에 이면지 사용 등의 절약이 자연스럽게 이루어지고 있습니다. 여름철 냉방은 28°C, 겨울 난방은 18°C로 실내온도를 규정하고 있습니다. 또한 수시로 옷이나 도서, 장난감등을 교환하여 사용하고 있으며 모든 가구는 재활용과 수리를 기본적인 원칙으로 정해 활용하고 있습니다.

우리 교회에서 녹색교회가 가지는 의미

우리 교회는 자연 속의 교회입니다. 그러나 자연의 산물을 함부로 사용하지 않습니다. 그래서 교회 생활이 불편하고 더 많은 노동을 해야 하는 교회입니다. 금년부터 시작된 작목반도 교우들이 주일 공동식사를 위해 다양한 채소들을 심고 가꾸어 제공합니다. 수고한 이들의 손길로 인해 모두가 안전하고 맛있는 반찬들을 제공받

교회를 안내하는 LED게시판

습니다.

교회는 그리스도인들의 공동체만이 아닙니다. 자연과 함께 하는 공동체입니다. 우리도 자연의 일부이며 자연과 함께 주님을 섬기는 사람들입니다. 그래서 그리스도인들의 만남에는 항상 자연이 동행하는 것입니다. 자연을 찾는 것이 아니라 자연을 발견하며 삶 속에서 자연을 존속하게 하는 것, 그 자연 속에서 창조의 섭리를 깨닫고 자신을 성찰하는 것, 그것이 바로 녹색교회의 지향점이 아닐까 생각해 봅니다.

쌍샘자연교회*

자연에서 만난 하나님의 사랑

쌍샘자연교회는 1992년 청주시 모충동 쌍샘이란 달동네에서 사회선교의 뜻을 두고 시작되었습니다. 그러다가 1999년, 동네가 개발되어 변화되면서 고민하던 중에 지금의 농촌지역으로 들어가게 되었습니다. 옮겨가기 전 교우들과 몇 차례의 논의와 작업이 있었기에 옮겨가는 데에는 큰 무리가 없었습니다.

이전 계획서를 만들고 땅을 구입한 후 사택과 교회당을 지어 2002년 가을에 지금의 자리로 옮겨갔으며, 노회의 허락을 받아 교회 이름을 쌍샘자연교회로 하게 되었습니다. 교회가 옮겨간 낭성면 호정리(전하울)는 예전엔 50여 가구가 넘는 산촌마을이었지

* 백영기 목사. 충북 청원군 낭성면 호정리 575. 043-225-9004. cafe.daum.net/ssangsaem

만 우리가 들어갈 당시에는 10여 가구가 조금 넘었고, 그나마도 노인 분들이 중심인 아주 조용하면서도 잊혀져가는 그런 마을이었습니다. 특히 이곳은 산속에 있어 일부러 들어오지 않으면 마을이 있는지도 모를 정도로 외진 곳이고, 또 고령 신씨들의 집성촌이기에 외지인들이 들어오기가 더욱 어려운 점도 있었을 것입니다. 아무튼 그런 마을에 밭을 천 평 정도 사서 교회를 이전했습니다.

농촌지역으로 이전하면서 깊어진 환경선교

교회가 청주에 있을 때에도 환경에 관심은 있었지만, 이렇게 적극적으로 다가서게 된 것은 교회가 이전하고 쌍샘자연교회가 되면서 부터입니다. 교회 이름에 '자연'을 넣고 나서 성경을 보니 생태와 자연이 다르게 보였습니다. 이렇게 자연과 어우러진 생활을 통해 우리는 생태와 자연이 병들면 인류가 잠시도 버틸 수 없다는 것과, 자연이야말로 하나님이 이 세상에 주신 가장 귀한 보배요 선물이고 은총인 것을 깨닫게 되었습니다. 결국 단순한 환경 운동이 아닌 신앙적이고 신학적인 고백이 나오게 되었고, 그 후 환경 운동은 교회의 아주 소중한 선교 영역으로 되었습니다.

사실 우리는 녹색교회가 있다는 것도 미처 몰랐습니다. 다만 이것이 우리 죄의 고백에 대한 성찰만큼 중요하고 심각한 일임을 인식하고 생태와 자연을 신앙의 자리만큼 생각하기로 했습니다. 그래서 이곳에 오면서 생명자연생태위원회를 만들게 되었고, 제직회

비중만큼 의미와 가치를 두면서 교회가 함께 기도하며 참여하게 되었습니다.

우리는 신앙과 영성, 그리고 생태 선교에 관심을 가지고 있으며, 문화 역시 생태 문화나 자연 체험, 생태 예술의 관점을 가지려고 노력하고 있습니다. 처음에는 교회에서 이런 이야기를 해도 되나 하면서 의아해하던 교우들도 이제는 이것이 아주 자연스럽고 중요한 일이라는 것에 공감하게 되었습니다.

그러나 우리가 어떻게 이런 자리에 올 수 있었는지, 이런 생각과 뜻을 가질 수 있었는지, 우리로서는 도무지 설명하거나 이해할 수 없는 일이었습니다. 그래서 우리는 이 모든 것이 우리의 생각이나 뜻이 아니라 하나님께서 주신 지혜요 은혜임을 고백합니다.

교회의 세 가지 중심축과 녹색목회

우리교회는 이곳에 들어오면서 1) 신앙영성선교위원회, 2) 생명자연생태위원회, 3) 문화사회공동체위원회를 두고 이것이 교회의 중심축을 이루게 했습니다. 각각의 주제들이 모두 굵직하고 버거운 문제들이지만, 이것은 우리 교회가 존재하는 한, 평생 끌어안고 씨름하며 기도해야할 영역이요 일이라고 생각했습니다. 그중에 생명자연생태위원회가 중심이 되어 하는 일을 소개해 봅니다.

1. 쌍샘자연학교

이것은 아이들과 가족 중심으로 운영되는 주말 또는 방학 중 학교로서, 아이들이 자연을 접하고 배우며 친해지도록 안내하는 학교입니다. 운영위원회가 중심이 되어 내용과 진행을 맡아합니다. 자연학교는 눈에 보이는 자연은 물론 농사체험학습 및 활동, 계절의 변화, 사람의 몸 등에 대하여도 배우게 됩니다.

2. 로컬 푸드 착한 살림

착한살림은 친환경 지역농산물을 취급하는 매장이며, 제철의 농산물을 중심으로 장터를 운영하기도 합니다. 지역에서 생산되는 오리(우렁)농법의 쌀과 고랭지인 이 지역의 배추를 절임배추로 만

쌍샘자연학교

들어 공급하기도 하며, 물량은 아주 작지만 지역에서 나오는 유정란, 산나물, 채소 등도 함께 나누고 있습니다. 또한 여러 가지 효소와 노지에서 생산되는 딸기로 만든 잼, 직접 달여 만든 간장, 수제 돈가스, 지역의 포도주 등 지역의 다양하고 몸에 좋은 먹거리를 나누고 소통하는 공간입니다.

3. 노아공방

노아공방은 교우들은 물론, 지역 주민이나 체험학습을 원하는 단체 및 교회들에게도 열려 있습니다. 간단한 도예, 목공, 서각, 염색, 바느질 등, 직접 손으로 물건을 만드는 재미를 알게 해주는 곳입니다. 필요한 것을 무조건 사기보다는 있는 것이나 쓰던 것을 재활용하는 기회로 삼기도 하고, 자신이 직접 만든다는 것에 만족하는 행복을 느낄 수도 있습니다. 또한 공방에서는 여러 가지의 서각, 책상, 독서대, 기도의자, 나무 목걸이, 도자기 컵, 티셔츠와 손수건 염색, 천연비누 만들기 등도 진행하고 있습니다.

노아공방

4. 신나는 겨울 놀이학교

놀이학교는 아이들이 겨울방학 때 1박2일로 함께 어울려, 친구를 사귀고 몸과 몸을 부대끼며 하루 온종일 놀기만 하는 학교입니다. 비록 짧은 시간이지만 온갖 오락과 컴퓨터 게임, 학원과 학교 등으로 지치고 찌든 아이들의 몸과 마음을 풀어주고, 친구들과 어울려 지내는 것이 얼마나 행복하고 좋은 일인지를 알려줍니다. 놀이학교는 옛날 아이들이 놀았던 그런 놀이들이 중심입니다. 굴렁쇠 굴리기, 딱지치기, 눈싸움, 숨바꼭질, 연날리기 팽이치기, 눈썰매 타기, 비석치기, 자치기 등, 아이들의 놀이는 무궁무진합니다. 놀이학교는 아이들은 물론 부모들도 만족해하고 인기가 많은 프로그램입니다.

5. 사랑방 카페

사랑방 카페는 교인들과 직접 황토로 지은 무인 카페입니다. 누구든지 편안히 와서 쉬어갈 수 있는 공간이며, 본인이 와서 차를 끓여 마시고 정리하고 갑니다. 차는 교회 주변에서 얻을 수 있는 쑥, 민들레, 생강나무, 목련, 메밀, 감잎 등 철따라 나오는 꽃과 잎으로 만든 것들이 대부분입니다. 스스로 낸 차 값은 지역의 아이들과 문화 사업을 위해 쓰여 지고 있습니다.

6. 생태자연도서관

청주에서부터 운영하던 도서관이 시골로 오면서는 위기를 맞았습니다. 농촌은 사람들이 많지도 않지만 책을 읽을 사람도 마땅히 없습니다. 그래서 우리는 찾아오는 도서관, 찾아가는 도서관을 생각하고, 규모는 작지만 전문도서관으로 만들 계획을 세웠습니다. 지금 건축 중인 도서관은 2층으로 100평 규모입니다. 비록 작고 아담하지만 흙벽돌을 직접 찍어 짓는 생태건축으로 짓고 있으며, 도서관의 내용 또한 생태, 자연, 환경 관련 도서와 잡지, 자료로 채워가려고 합니다.

요즘은 생태와 관련이 없는 분야가 없습니다. 건축, 음식, 문화

예술, 옷, 그리고 교육에 이르기까지 모두 다 깊은 연관이 있습니다. 물론 아이들의 책과 고전 그리고 인물 평전 정도의 책들도 함께 갖추고 있습니다. 저희 도서관은 단순히 책만 소장하고 빌려주는 곳이 아니라, 다양한 인문학과 자연체험학습 등의 교육과 관련 활동을 만들어 갑니다. 그래서 지역과 마을을 생태적이고 살고 싶은 마을로 만들어 가는데 함께 역할을 할 것입니다. 아울러 도서관 바로 앞에는 지금 맛있는 밥집이 들어올 공간과, 찾아오는 사람들이 묵어갈 수 있는 6평정도 크기의 3칸짜리 게스트 하우스도 건축 중에 있습니다. 도서관을 찾아온 사람들에게 지역의 좋은 먹거리로 맛있는 밥도 대접하고, 가족이나 단체가 자연 속에서 책과 함께 1박 2일 정도의 특별한 밤을 지내고 싶을 때 묵어갈 수 있도록 하기 위해서입니다. 할 수만 있다면 모든 사람들이 농촌을 찾고 생태와 자연을 가까이 할 수 있도록 하고자 노력하고 있습니다.

이 외에도 생명자연생태위원회에는 생명농사 팀, 생명밥상 팀, 생명교육 팀, 생활실천(잔소리)팀 등이 있어서, 보따리 바자회, 음식물 퇴비, 쓰레기 분리, 절전, 탈핵, 소박한 밥상, E.M 나누기, 기호식품 절제, 생태인문학, 생명 축제 등에 대하여 논의하며 일하고 있습니다.

녹색교회는 쌍샘자연교회의 전부

쌍샘자연교회에서 녹색교회가 가지는 의미는 교회의 거의 전부

생태도서관

라고 말해도 좋을 것입니다. 자연교회라는 이름에서도 고백할 수 있듯이, 우리는 철저하게 녹색교회를 지향하고 표방합니다. 그것은 교회의 안과 밖, 나와 너, 사람과 자연의 모든 것을 아우르는 말입니다. 이 세상의 구석구석이 하나님의 세상이 아닌 곳이 없고, 그 어느 하찮은 피조물이라도 하나님의 창조물이 아닌 게 없기에, 쌍샘자연교회에서의 녹색은 예수 그리스도와 함께 교회의 정체성이요 복음과 생명의 알맹이입니다.

어떤 사람들은 우리교회가 농촌에 있으니 자연스럽게 녹색교회가 되고, 그만큼 할 수 있는 일들이 많다고 말하지만 꼭 그렇지만은 않습니다. 오히려 농촌에 있기에 우리가 하는 녹색교회의 프로그램들이 빛을 보기도 하지만 감춰지는 경우도 많습니다. 역으로 도시의 교회들이 녹색교회를 표방하고 녹색목회의 프로그램들을 가진다면 더 큰 시너지 효과를 거둘 수 있지 않을까 생각됩니다. 아무

아동부 알뜰 장터

튼 중요한 건 녹색의 교회가 되어서 하나님 창조의 뜻을 품고, 부족하지만 생명과 자연, 생태적인 세상을 향하여 나갈 수 있다는 것만으로도 행복하고 가슴 벅찬 일이 아닐 수 없습니다. 그리고 그런 마음과 생각, 그리고 삶을 교우들이 함께 받아들이고 있다는 것이 감사한 일입니다.

아름다운교회*

김포들녘지기가 일구는 하나님나라

환경을 잘 가꾸면 세상이 감동

하나님 나라의 확장은 교회의 중요한 선교적 사명입니다. 그렇지만 현재 부정적인 상황은 하나님나라 확장을 위해 그리 녹록치 않습니다. 교회가 이 세상 사람들에게 배척을 받고 있는 시대에 우리는 살아가고 있습니다. "어떻게 하면 세상 사람들에게 감동을 주어 그들로 하여금 교회의 사역에 동참하게 할 수 있을 것인가?" 하는 것은 이제 모든 교회에 과제가 되어가고 있습니다. 저는 세상 사람들에게 감동을 주는 좋은 도구가 그리스도인들이 "환경을 잘 가꾸는 것"이라고 생각합니다. 우리들이 세상에 빛과 소금의 역할을 할 수 있는 좋은 선교의 도구가 에코, 생명, 그린 선교, 환경선교

* 전규택 목사. 경기도 김포시 사우동 1424. 031-983-0330

라고 한다면 이러한 패러다임이 빨리 많은 사람들에게 전파되어야 할 것입니다. 특히 평신도들을 중심으로 환경문제를 선점하고 그에 따른 대안을 세워나간다면 하나님나라 확장에 탄력이 붙을 수 있을 것이라 생각됩니다.

환경, 주변에 펼쳐져 있는 자연

환경이란 '우리 주변에 펼쳐져 있는 자연'을 뜻하는데 그 중 우리가 주로 쓰는 의미는 물, 공기, 토양 등 생물들과 밀접한 관계에 있는 부분을 지칭합니다. 사실 환경이란 분야는 여러 분야와 접목되어있어서 상당히 접근하기 어려운 것이 사실입니다. 요즘 환경이라는 연구 분야는 크게 ① 생물보전 ② 방지공학(수질오염방지,

대기오염방지 등) ③ 친환경 등으로 나누어져 있습니다. 그렇지만 많은 사람들이 친환경 문제만 환경문제라고 생각하는 경향이 문제입니다. 이 세 가지가 조화로울 수 있어야만 합니다.

환경에 대한 관심은 생존의 문제

'환경'은 우리 주변에 펼쳐져 있는 자연으로 물, 공기, 토양 등 세 가지 요소와 밀접한 관계가 있습니다. 이것이 오염되는 것을 '환경파괴'라고 정의할 수 있습니다. 이 세 가지 요소들은 우리의 생명과 긴밀하게 연결되어 있기 때문에 물, 공기, 토양 등이 오염되면 생명체가 살아갈 수가 없습니다. 그러기에 환경문제에 관심을 갖는 것은 생존의 문제로서 매우 중요한 것입니다.

창조 보존의 사명과 환경 재앙의 현실

"하나님이 세상을 창조하셨습니다"(창1:1). 하나님께서 이 세상을 창조하셨기에 그리스도인들은 그 세상을 창조 질서대로 관리하고 보전해야 할 사명이 있습니다. 이 사명 때문에 그리스도인들은 환경을 생각하지 않으면 안 됩니다. 사실 환경이 온전히 보전되어야 모든 인류가 더불어 행복하게 살아갈 수 있습니다. 작금에는 환경파괴와 오염이 대단히 심각하여 이제 환경재앙을 우리 눈으로 목도하고 있습니다. 그리스도인들이 파괴되고 오염된 환경문제에 대한 대안을 제시하고 적극적으로 실천하지 않으면 안 되는 절박한 시점에 서 있습니다.

유용한 미생물(Effective Micro-organisms)
— 대안 중 하나

하나님이 창조하신 자연이 점점 황폐해져가는 것을 회복시킬 수 있는 대안 중 하나가 유용한 미생물(EM)입니다. 생태계를 회복시키는 중요한 단초가 미생물입니다. 미생물 가운데 좋은 미생물을 활성화하여 생활 중에 사용하고, 많은 사람들이 미생물 활성액을 사용하면 오염된 자연은 반드시 회복됩니다. 왜냐하면 하나님이 태초에 미생물을 창조하셔서 이 오염된 세상을 회복시킬 단서를 이미 제공하셨기 때문입니다.

친환경 예배 센터와 EM을 중심으로 한 환경실천

우리 교회에서는 김포를 가로질러 흐르는 계양천에 10여 년 전부터 EM 배양액을 넣고 EM 흙공을 만들어 투척하고 있습니다. 그리고 생태계 복원을 위하여 올해 미꾸라지를 120kg을 방생했습니다. 지금은 외가리, 청둥오리 등이 많이 서식하며, 팔뚝만한 물고기도 많이 볼 수 있습니다. 김포시의 난개발로 인해 뜸하던 천연기념물 재두루미도 자주 볼 수 있을 것으로 확신합니다. 또한 생활 중 거의 모든 곳에 EM 배양액을 사용하여 환경운동을 몸소 실천하

EM 배양액을 사용하여 음식물 쓰레기를 퇴비로 만드는 과정

고 있습니다. 세제, 세탁 그리고 피부미용을 위해서 사용합니다. 여성 교인들과 이웃 아주머니들이 피부가 좋아지는 것을 체험하고 얼마나 좋아하는지 모릅니다. 특히 미생물 비누를 만들어서 사용하도록 제공하는데, 자연에, 피부에, 생활 중에 사용하므로 반응이 참 좋습니다. 매일 교회에서 나오는 음식물 쓰레기는 모두 EM 배양액으로 퇴비를 만들어서 다시 땅으로 되돌립니다.

우리 아름다운교회 건물은 빗물을 자연스럽게 모을 수 있게 설계되었습니다. 빗물 27톤 정도를 지하에 담수하여 그 속에 EM 배양액을 넣어 텃밭가꾸기와 화초 재배 그리고 나무를 키우는데 사용하고 있는데, 그것들의 발육 상태가 너무 좋습니다.

항상 개방되어 식물원을 도심 속에서 느낄 수 있고, 그 속에서 차도 마시면서 소통하는 친환경예배 센터는 주변의 명소가 되어갑니다. 교회가 세상을 향해 열려있는 것입니다. 항상 흙을 교회에 갖다놓고 주변 이웃들이 와서 텃밭도 가꾸며 환경운동을 배워가면서, 화분 분갈이도 해 갑니다. 그들의 반응이 이와같은 교회가 많았으면 한다는 이야기를 들을 때마다 환경운동이 믿지 않는 이웃들을 충분히 감동시킬 수 있다는 확신을 하고 있습니다.

우리와 함께 세상을 감동시키는 교회와 그리스도인들이 많았으면 좋겠습니다.

소극적인 의미의 환경운동과 적극적인 의미의 환경운동을 병행

소극적인 의미의 환경운동은 절약, 오염의 원인이 되는 것은 사용하지 않는 것과 재활용, 친환경적인 것의 활용 및 사용을 말합니다. 그렇지만 이제는 적극적인 의미의 환경운동도 병행해야만 합니다. 예방하는 것, 대안을 제시하는 것 그리고 이미 오염되어 있는 것과 오염시키고 있는 것들에 대한 적극적인 대응과 진단, 처방, 치료가 필요합니다. 우리 아름다운 교회는 소극적인 환경운동과 적극적인 환경운동을 병행하고 있으며 적극적인 의미의 환경운동에 초점을 맞춰 개인과 공동체가 환경에 관심을 가지고 생활 중에 실천할 수 있는 사역을 하고 있습니다. 그 중 대표적인 것이 EM 원액을 만드는 일입니다. 그리고 광합성 세균을 적극적으로 배양하여 지역사회에 나눠주는 사역을 하고 있습니다. 지역 사회의 생태계의 변화를 관찰하고 관청과 긴밀하게 연계하여 대안을 제시하는 사역과 환경연구소를 운영하는 사역 등입니다. 지금 실험적으로 실천하고 있지만 자연에서 나오는 물질로 EM 미생물 농약만 만들어 세상에 나눌 수 있다면 우리의 물과 땅 그리고 공기가 너무 기쁘고 행복해 할 것이라 생각됩니다.

은광교회*

불광천에서 불어오는 성령의 생명력

우리 교회는 1956년, 물고기가 헤엄치던 불광천(지금은 복개천) 맑은 물이 흐르던 아름다운 북한산 자락, 불광동의 꽃향기 날리는 작은 언덕에 천막교회로 창립되었습니다.

지금은 수많은 건물들과 상가, 아파트, 복개천으로 생긴 도로들이 그 자리를 점하고 있어서 예전의 모습을 전혀 찾아볼 수 없게 되었습니다. 서울이 점점 거대도시화 되면서 인간이 자연과 더불어 살아가는 모습을 잃는 것에 안타까워하던 은광교회는 하나님이 주신 자연을 보전하는 것이 교회의 사명임을 자각하게 되었습니다.

---

* 이동준 목사와 생명살리기위원회. 서울시 은평구 불광1동 264-4. 02-383-2111~5. www.ekchurch.or.kr

부임과 함께 시작된 환경보호운동

57년 된 지역교회가 환경보호운동에 적극적으로 나설 수 있었던 것은 20년 전 담임목사로 부임하면서부터 시작되었습니다.

"20년 전 부임해 왔을 때 우리 교회는 이미 지역에 뿌리를 내리고 있었어요. 저는 '이 교회가 지역을 위해 무엇을 할 수 있나'를 고민하다가 '사회가 못하는 일을 하자'고 생각했습니다. 환경을 위해 작은 불편과 손해를 감수하자고 요청하는 것이 바로 그런 일이지요. 환경보호 활동은 교회의 부업이 아니라 본업입니다. 교회는 본래 생명을 살리는 일을 하는 곳이니까요."

'생명살리기' 부서의 활동과 지속적 교육

이런 고민들로 작은 실천운동을 펼치던 우리교회가 기독교환경운동연대가 제정한 '2011 녹색교회'에 선정되었습니다. 우리 교회가 펼치고 있는 환경 관련 활동 중에 몇 가지를 되짚어보면 다음과 같습니다.

가장 눈에 띄는 것은 은평구청과 연계해 진행하는 '불광천 보리밭' 가꾸기였으며, 교인 한 명이 불광천 주변 한 지역을 맡아 청소하는 '그린 오너' 활동도 펼쳐왔습니다. 생활 속 에너지 절약 캠페인은 1년 내내 진행됩니다. 절전형 가전제품 사용, 스위치 끄기 생활화,

'아나바다고(아껴쓰고 나눠쓰고 바꿔쓰고 다시쓰고 고쳐쓰고)' 운동을 통한 안 입는 옷 기증, 분리수거 등을 교인들이 각 가정에서 충실히 실천할 수 있도록 교회는 계속해서 격려하고 자극을 주고 있습니다. 또한 주일예배 후 점심식사 비용은 교회에서 전부 지원하고 '천원의 기부'로 식권을 구입하여 한 끼 식사를 먹을 수 있음에 감사하며, 이 한 끼조차도 먹지 못하는 이들을 생각하는 마음에서 구제를 합니다. 식사 후 잔반을 남기면 음식물쓰레기 처리도 어렵지만 음식을 남기면 자발적으로 벌금을 내도록 한 것은 스스로 음식낭비를 하지 말자는 취지입니다. 그 후로는 음식 잔반이 반 이상 줄어서 큰 효과를 보고 있습니다.

교회가 이런 활동들을 비중 있게, 꾸준히 진행할 수 있는 것은 2004년부터 '생명살리기' 부서가 상설 가동되고 있기 때문입니다. 이 부서는 교인들을 대상으로 한 환경교육을 실시하면서, 동시에 그런 교육들이 일방적 '계도'에 머물지 않고 교인들 개개인이 자발적으로 참여할 수 있도록 하기 위한 활동을 하고 있습니다.

'기독교환경운동연대'의 '환경통신강좌'를 정기적으로 실시하고 있는 데, 환경보호 운동에 기독교인들이 나서야 하는 성서적 근거, 환경에 관한 정보와 실천 방안들을 다루며, 교인들이 단체로 친환경 주방세제(EM효소)를 사용하도록 적극 지원하여 하수도오염을 막는 일에도 힘쓰고 있습니다.

이런 실천들은 담임목사님의 목회철학에서 분명히 나타납니다. 2003년의 목회선언과 2013년 교회의 핵심가치에 '창조질서의 보

불광천 보리 심기

존'이라는 문구로 교회의 사명을 명문화하고 있고, 환경을 보호하자는 설교도 꾸준히 해왔으며 환경주일을 지켜 '생명살리기부'가 주관하는 헌신예배도 매년 드리고 있습니다. 교회의 예배당에서도 하나님께서 주신 생명의 보존의 노력이 나타납니다. 그 첫 번째가 바로 강대상의 '꽃꽂이'를 '화분'으로 교체한 것입니다.

이러한 배경을 교회 소식지인 은광지는 다음과 같이 기록하고 있습니다.

"20년 전 은광교회에 온 저는 성전 미화를 위해 놓은 꽃꽂이가 눈에 밟혔습니다. 말은 못해도 숨 쉬고 자라는 생명인 것을, 잠깐 사람 보기 좋으라고 무참히 줄기를 댕강 잘라 화병에 꽂는 것이 마음에 걸렸던 것입니다. 종이컵, 호일접시, 비닐 랩, 플라스틱 포크, 나무젓가락…. 이것들은 모두 일회용품입니다. 우리 일상 속에 무수히 자리한 일회용품들은 숨을 쉬지 않지요. 무생물이기 때문입니다. 그런데 일회용품 중에는 생명이 담긴 것도 있지요. 바로 교회 성전미화용으로 많이 쓰이는 꽃꽂이의 꽃입니다. 분명 하나의 생명이건만 성전용 꽃꽂이로 사용되는 꽃이 생존(?)하는 기간은 길어야 고작 2~3주 정도……. 잡초란건 없습니다. 다만 우리가 그 이름을 모를 뿐이지요. 하나님이 세상을 창조하실 때 어떤 것은 이름이 있는 식물, 어떤 것은 그저 잡초로 지으시지 않으셨잖아요. 다만 사람이 구분했을 뿐입니다. 이름이 없다고, 볼품없다고 잡초라 치부하고 쳐버리는 거죠. 사람으로 치면 그 목을 쳐내는 것과 같지 않습니까? 꽃꽂이도 같은 이치이죠. 분명 뿌리를 내리고 살아가는 한 생명인데 잠깐 보기 좋게 하려고 무참히 꺾어버리는 건 잔인한 일입니다. 강대상은 '생명'에 관해 말하는 곳인데, 왜 그 위에 하필 줄기를 잘라서 생명을 끊어버린 꽃을 놓아야 하는지, 저는 늘 이상하다는 생각을 가지고 있었어요. 성전 꽃꽂이를 봉사하는 성도 몇몇이 꽃꽂이 대신 화분으로 바꾸는 것에 서운해 하기도 했습니다. 평생 꽃꽂이라는 자신의 재능으로 교회에 봉사를 해왔는데 그 자리를 빼앗겼다는 기분이 들 수도 있지요. 하지만 개인의 심리적 가치와 대조되는 본래의 기독교 정신을 성도들과 함께 고민하자고 제안했습니다. 이 땅에 예수 그리스도가 온 건 생명을 살리고자 함입니다. 아무리 말 못하는 식물이라도 분명 생명일 진데, 단 1~2주를 위해 그 생명의 줄기를 잘라버리는 건 그리스도가 전하려는 메시지와 어긋나지 않나요? 작은 생명에도 사랑과 관심은 필요합니다. 번거롭고 힘이 들더라도 한 생명을 그냥 지나치지 말아야 합니다. 예수님께서 우리에게 그러하셨듯이….”

교회가 지향하는 바, 생명을 살리는 일은 어느 것이든 소중하다는 생각으로 무심코 습관처럼 해오던 성전 꽃꽂이를 없애고 화분으로 대체한 지도 20년이 흘렀습니다. 그 동안 수많은 화분이 모였습니다. 사실 화분으로 대체하기만 하면 간단한 일 같은데 그게 말처럼 쉽지가 않습니다. 한 여름이야 괜찮지만 추운 겨울이면 화분의 식물들이 얼어 죽거나 말라 죽는 일이 다반사였습니다. 그래서 화분들을 근처 화원에 의뢰해 관리를 맡겼으며, 화분들은 주일 외에는 화원으로 옮겨져 전문가의 보살핌을 받습니다.

환경보호는 이렇듯 작은 실천에서 시작됩니다. 교회의 텃밭에서 잡초를 뽑지 않는 것도 이 같은 생명존중 실천의 하나입니다. 작물의 생육을 위해서는 잡초를 뽑는 것이 당연할 수 있지만, 교회라면 크든 작든, 쓰임새가 많건 적건 모든 생명을 소중히 해야 한다는 철학을 잡초를 통해서 보여주고 있는 것입니다.

동네가 자랑하는 녹색교회로 또 한걸음

은광교회의 활동이 환경 분야에만 머무는 것은 아닙니다. 지역을 위한 문화 사역도 활발하게 진행하여 때때로 클래식 음악공연회

도 개최하며, 5만여 권의 장서를 보유한 도서관과 갤러리, 주차장도 무료로 개방하고 있습니다. 교회가 올바른 문화를 제시하는 것도 자연을 가꾸는 것과 같이 생명을 위한 일이기 때문입니다.

환경주일 헌신 예배와 대기 전력 차단 캠페인

우리 교회는 향후 교회를 건축하게 될 때 본당은 줄이고, 체육시설이나 문화시설을 확장하려고 합니다. "무엇보다 교인들에게 '우리가 섬기자, 예수 믿는 사람들이 어떻게 사는지 보여주자'고 강조합니다. 예수님이 그러셨던 것처럼 조건 없이 섬기고 생명을 살리는 일을 우리도 계속해 나갈 것입니다."

우리 교회는 이러한 바탕 위에 지역사회에서 필요로 하는 지역교회로 한 단계 발전해 나가고 있습니다. 주민들이 친근감을 느끼고 '우리 동네에 있는 자랑스러운 교회'라는 평가를 받을 수 있도록 지역사회와 함께 만들어나가는, 향기가 있는 교회를 만들어 갈 것입니다.

작은교회*

너는 차가웠고,
나는 뜨거웠고

작은교회의 역사(1983년-2013년)는 우리 민족의 현대사와 같이 70년대의 민중시대와 80년대의 민주화 시대를 거쳐, 90년대의 생태시대, 그리고 2000년대의 인문시대로 나눠볼 수 있습니다.

작은 교회를 개척한 1983년은 그야말로 노동해방의 뜨거운 시대였으며, 나 역시 역사와 사회의 정의를 위하여 노동현장의 한 복판에 뛰어들었습니다. 그러나 역사는 민중들의 열망을 외면하는지, 89년의 동구사회주의권 붕괴와 더불어 많은 사람들이 좌절과 회의에 빠져들었고, 교회들마저 현실을 떠나고 있었습니다. 나 또한 성서를 다시 보면서 미래의 대안과 비전을 위한 새 길을 찾게 되었습니다.

---

* 곽은득 목사. 경북 군위군 효령면 매곡1리 744. 054-382-2143

성서의 예언자들은 당대의 부조리한 현실을 비판만한 게 아니라 새로운 대안을 제시하고 만들었던, 상상력이 풍부한 사람들이었습니다. 그들이 제시한 대안 사회의 구체적 형태는 목가적이고 전원적인 '하나님나라'였습니다. 구약에서는 창세기 1장 29절을 시작으로 미가, 이사야, 에스겔을 통한 환상을 통해, 또한 신약에서는 요한계시록에서 사도요한이 옛 땅, 옛 하늘을 넘어 새 땅, 새 하늘을 궁극적 비전으로 보여주는 것을 통해, 성서 전체를 관통하고 있는 사상이 바로 농업적 세계관이었습니다. 그동안 체제 비판에 머물렀던 -물론 당시의 현실적 조건 때문이기도 했지만- 활동에 대한 반성을 넘어 새로운 대안을 찾았습니다. 바로 이 땅에 농적(農的) 세계를 구현하는 것이 하나님나라운동이었습니다.

농적 세계란 농업을 말하는 것이며, 농업은 생명의 근원적 감각을 가능케 하는 유일한 현장인 것입니다. 그동안 선교는 산업선교를 토대로 노동자 '개인'에서 노동자들이 사는 '지역'으로 확대되어 왔으나, 이제는 '지역'에서 그들의 원초적 삶의 현장인 '농촌'으로 향하고 있습니다. 진정한 노동해방은 귀농으로 농적 토대에서 농업을 만나는 것입니다. 이제 모든 운동은 농업과의 결합만이 남아 있습니다.

1999년 도시산업화현장의 일들을 마무리하고 새로운 하나님나라운동을 위해 농촌으로 교회를 이전하기로 하고 대구 근교의 터를 찾던 중, 지금 자리인 경북 군위군 효령면 매곡리에 땅 1천 평을 매입하고 둥지를 틀었습니다. 이제 그 이야기를 주요 실천을 통해 요약해서 정리해 봅니다.

1. 스물다섯 집 커뮤니티 –'생명마을' 만들기

21세기는 마을을 버린 사람들이 마을을 만드는 사람들의 시대가 될 것입니다. 인류를 구하기 위한 시도들에는 늘 '마을'이 중심이고 핵심이었습니다. 그러나 그것은 어떤 '마을'이며, 그 주체는 누가 되어야 하는가? 여기에는 다양한 논의들이 있습니다.

스물다섯 집 커뮤니티는 동호인들의 모임이나 타운형의 마을이라기보다는 자발적 결사체로서 전통적 마을 공동체를 터전으로 한 생명마을 공동체입니다. 입주지역은 작은 교회가 있는 매곡1리 마을을 중심으로, 매곡2리 용수동, 가산1리, 가산2리 응추리 마을까

지 포함해 넓게 자리 잡고 있습니다. 입주 대상은 여유로운 전원생활과 생태적인 농업을 꿈꾸는 귀농자나 대안교육 공동체, 지역공동체의 경제적 자립을 함께 하고자 하는 사람은 누구나 환영하고 있습니다. 그래서 현지인과 어울려 팔공산 생태계도 지켜내고 지역농업도 살리면서, 예술과 문화가 한데 어울리는 독특한 커뮤니티를 형성해볼까 합니다. 현재 다섯 가정이 입주신청을 하고 준비위원회를 중심으로 활동하고 있습니다.

2. 매곡리 '자연학교' 교육협동조합

1990년부터 방과 후 공부방, 주민도서실, 토요문화학교를 열고 운영해오다, 1999년 농촌으로 교회를 이전하면서 '땅'과 관련된 환경, 생태, 인문 프로그램들을 강화시켜 기독교대안학교의 틀을 갖추어 나갔습니다.

2001년 정식 개원예배를 드리고 '삶을 위한 교육'을 내걸고 다양한 교육활동을 해오고 있습니다. 교육내용은 생명농업 교육, 창의예술 교육, 인문 공부의 세 영역을 중심으로 지역 교육운동을 통해 창업일꾼, 지역일꾼을 길러내는 것을 목표로 하고 있습니다.

2004년에는 우리들의 활동이 인정되어(?) 도교육청에서 대안교육기관으로 지정되기도 했습니다. 내년에는 교회가 4명의 목사들이 함께하는 공동목회로 가면서, 자연스레 자연학교도 교육협동조합의 체제로 전환할 계획입니다. 협동조합을 법인 형식으로 운영하는 게 좋겠다는 의견이 모아져, 현재 발기인 9명(9가정)이 모집되었고 조합비 4천5백만 원도 약정되어 있습니다. 정관은 만들어졌으며 6월 중 총회를 거쳐 8월이면 설립신고를 끝낼 것입니다.

요즘 '협동조합' 설립이 유행처럼 되고 있는 듯합니다. 그러나 마치 협동조합이 모든 문제를 다 해결해 주는 만병통치약인 듯, 너무 신비화시키거나 이상화하지 말았으면 좋겠습니다. 자본주의적 기업 형태의 대안 가운데 하나일 뿐, 궁극적 대안은 아닐 것입니다. 이를테면 '잠정적 대안'이라고나 할까? 우리 사회 내의 '급진적 전망'이 실종되어 나타난 현상이기도 해서 씁쓸하지만, 그 기본 정신은 성서에도 잘 언급되고 있으므로 매곡리 자연학교도 그 점을 놓치지 않고 나가야 될 것입니다.

이번 협동조합 설립은 '마을 만들기'나 '마을가게', '로칼 푸드 운동'이 실제로 우리 삶으로, 우리의 생활 안으로 들어가게 하는 좋은 안내자가 될 것입니다. 농촌의 가치를 더 깊이 연구하고, 서로 협력하는 사람을 키우는 사명을 잘 감당해야 되겠습니다. 교육협동조합을 통해 새로운 영성과 창의력과 협력의 지형이 열릴 것을 내다보면서….

3. 로칼 푸드 '착한살림' 전국 네트워크

국내 유기농시장도 전면 경쟁체제로 들어간 느낌입니다. 자본주의적 시장경쟁 속에서 살아남기 위해 자기 조직을 더 키우고 출자금을 늘인다든지, 회원확보를 위해 지나치게 경쟁적이 되거나, 아니면 매장을 백화점처럼 화려하게 인테리어를 하거나 공격적인 마케팅을 도입하여 소비자를 끌어들이기 위한 온갖 수단을 강화하다보니 생산보다는 '유통'이 전면에 나서고 있는 현실이 되었습니다.

'로칼 푸드 착한살림'은 기존의 생협 단체들이나 여러 친환경 매

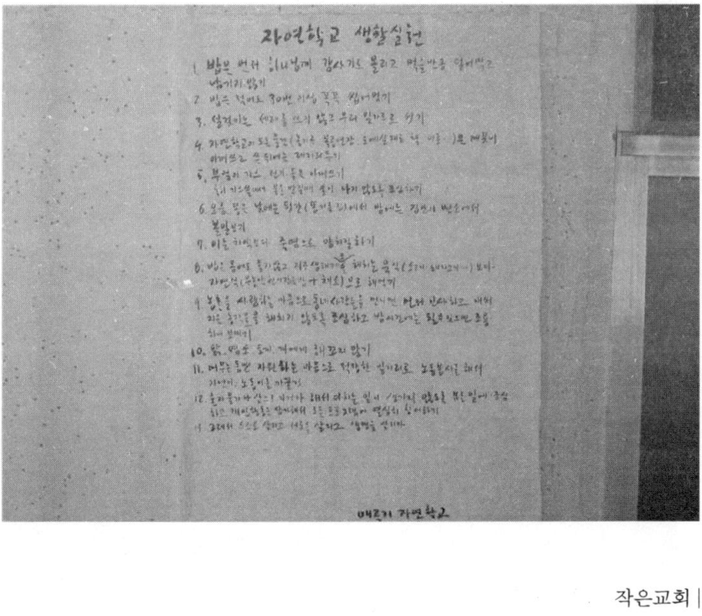

장들과는 다른 차별성을 주기 위해, 기존의 단체에 들어가지 않고 독립적인 '로칼 푸드 착한살림' 브랜드로 전국네트워크화 하려고 합니다.

특히 최근에 아이쿱 생협 등에서 전국이 1일 생활권 시대라는 상황에 맞는 로칼 푸드의 재구성을 논의하고 있다고 합니다. 이런 움직임들을 어떻게 봐야하고 대응해나가야 할 것인지 등에 대한 논의가 필요하다고 생각합니다. 그런 움직임은 결국 '전국적 로칼 푸드론'이 되는데 이게 과연 타당한 것인지, 왜 이런 주장을 들고 나오는지, 앞으로 유기농시장이 더욱 경쟁적이고 대규모적인 사업 분야가 될 것으로 예측되는 바, 우리도 더욱 세밀한 검토와 공부가 필요한 시점입니다.

'로칼 푸드 착한살림' 네트워크는 우선 전국에 5개 매장, 대구 시내 5개점 개점을 목표로 하고 있습니다. 현재 전국단위에서는 쌍샘자연교회가 운영하는 '청주점'(2010. 5. 24)과 충북 천안시에서 운영하는 '천안점'(2010. 9. 19), 경기도 의왕시 청지기교회에서 개점한 '의왕점'(2012. 9. 13), 대구는 북구 동천동 23만 명이 거주하는 신도시에 문을 연 '칠곡점'(2011. 3. 26 개점)이 착실히 운영되고 있습니다.

4. 마을가게 1호 -배움이 있는 북 카페 휴노

'로칼 푸드 착한살림' 칠곡점 매장이 위치한 대구시 북구는 인구

23만 명이 사는 신도시로 매우 역동적인 지역입니다. '칠곡점'은 단순한 농산물만 판매하는 장(場)이 아니라 영성, 예술, 인문가치가 확립되는 생명선교의 터전으로 자리잡기 위해 '마을가게' 활동을 같이 하고 있습니다.

'마을가게'는 사업을 통한 선교(BAM, Business as Mission) 및 사회복음화의 장으로, 지역에 소상가들의 네트워크 체제를 갖추고 자생력을 키워 '칠곡을 마을로' 하는 새로운 도시마을을 만들어가기 위한 사업입니다. 자본이 만들어 놓은 삶의 동선이 아니라 다양한 업종의 구성으로 '마을가게'들로 재현하여 자본의 횡포에 맞서고자 합니다. 현재 지역에 10호점 개점을 목표로 입점 희망자를 모집하고 있습니다.

제1호는 2012년 11월에 개점한 '배움이 있는 북 카페'입니다. 북 카페 휴노는 기존의 교회 카페처럼 단순한 만남이나 모임 등을 넘어선 새로운 공간의 북 카페로, 백여 개의 다양한 인문강좌를 여는 '강좌 카페'라는 차별성을 갖고 있습니다. 2호, 3호는 유기농 자연식당이나 공방카페, 헌책방 등이 들어서서 '휴노'거리를 인문의 거리로 만들려고 합니다. 앞으로 5호점 정도만 개점되면 착한살림 칠곡점과 더불어 상당한 영향력이 나타날 것입니다.

마침글

특별히 작년 9월 19일 총회(예장통합)에서 개인부문 환경상을 받았고, 지난 5월 21일에는 녹색교회로 선정되기도 하였기에, 작은교회는 이런 기념비적인 역사성과 함께 이제 더욱 새롭게 발돋움해갈 것입니다.

정읍중앙교회*

네온십자가를 내리고 나서 올린 마음의 십자가

내장산으로 유명한 정읍(井邑)의 진짜 이름은 샘고을입니다. 정읍은 온고을인 전주와 빛고을인 광주 사이에 위치해 있는 인구 12만 명의 작은 도시로, 인구는 점차로 줄어들고 있지만 살기는 참으로 좋은 곳입니다. 이름처럼 물이 풍부하고 자연재해가 거의 없습니다. 내장산은 단풍으로 유명하지만 사실은 사계절이 다 아름다운 산입니다. 내장산 단풍의 인지도를 활용한 단풍미인 쌀, 단풍미인 한우 등의 지역 특산품이 생산되고 있으며, 자생차나 복분자 등도 정읍의 특산물입니다. 그밖에 온갖 과일들도 생산되는, 그야말로 모든 것이 풍부한 고장이라 할 수 있습니다.

우리 교회는 이 정읍시의 한 가운데에 위치하고 있습니다. 주일

* 박종식 목사. 전북 정읍시 조곡천 2길 25. 063-533-9091. www.jeongeup.org

교회 전경

예배에는 장년이 5백여 명 모여서 예배합니다. 1954년에 창립되어 내년이면 교회 창립 60주년을 맞이하게 됩니다. 3대 담임목사이신 원로목사님께서 24년을 목회하셨고, 현재는 4대 담임목사가 14년째 목회를 하고 있습니다. 교회 주차장에는 커다란 은행나무가 있어 가을이면 노란 은행잎이 아름답습니다. 비록 향기롭지 못한(?) 냄새가 나긴하지만 많은 양의 은행을 거두기도 하고, 또 더운 여름이면 시원한 그늘을 만들어줍니다. 예배당 주변으로는 소나무가 많이 심겨져 있습니다. 제법 기품 있는 소나무가 많은 이유는 교회 안에 전문가가 계시기 때문입니다.

생명살리기 10년과 녹색교회

우리 교회가 녹색교회에 관심을 두게 된 것은 담임목사와 교회 지체들의 관심, 그리고 교단의 '생명살리기 10년 운동'이 중요한 계기가 되었습니다. 또한 생명살리기를 실천하기 위해 이 지역에서 농사를 하시는 손은하 목사님의 영향도 컸습니다. 이 모든 것이 합력하여 선을 이루게 되었다는 생각이 듭니다.

기독교환경운동연대의 환경통신강좌를 일찍이 접할 수 있었고, 그래서 교인들과 함께 환경통신강좌를 공부한 것도 하나의 원인이 된 것 같습니다. 환경공부를 하면서 환경의 중요성에 대한 이해의 폭을 넓히고 깊이를 더할 수 있었습니다. '녹색 기독인의 십계명'도 교회 자체적으로 인쇄해서 보급하고 실천을 독려했습니다.

지난 10년 동안 교단 총회가 이끌었던 '생명살리기 10년 운동'에도 적극적으로 함께 하여, 10년 내내 예배당에 그 실천사항의 현수막을 걸었고 지금은 식당으로 장소를 옮겨 걸어두고 있습니다. 전체 교인에게 그 실천사항도 인쇄하여 배포했습니다. '생명살리기 10년 운동'을 하는 동안 노회의 생명살리기위원회와 협력하여 '생명살리기 학교'를 개최하기도 하였습니다. 또 '생명밥상운동'도 함께 하여, 여전도회가 주축이 되어 몇 차례 '생명밥상 세미나'를 개최하기도 하였습니다. 그 영향으로 교회 밥상은 될 수 있으면 생명밥상을 차리고자 힘쓰고 있습니다. 주일에 점심식사를 하면서 반찬

의 수를 줄여 보려는 노력을 해왔지만, 지역 특성 때문인지 음식의 가지 수를 줄이는 일은 쉽지 않았습니다. 먹을거리는 가까운 곳에서 쉽게 구해올 수 있습니다. 교인들이 자기 밭에서 재배한 채소 등을 제공해 주어서 함께 나누는 일들이 많이 있습니다. 시장에서 사기도 하지만 거저 주어지는 경우들이 많고, 직접 밭에 가서 가져오기도 합니다. 음식을 남기지 않거나, 음식쓰레기를 줄이는 노력은 많이 자리를 잡았다고 여겨집니다. 발생하는 약간의 음식쓰레기는 필요한 교인 가정에서 수거하여 가축사료로 사용하고 있습니다.

환경주일 성수와 일상적 환경운동

교회적으로 매달 세 번째 주일을 환경주일로 지키고 있어서 1년에 12번의 환경주일을 지키고 있습니다. 매달 첫 번째 주일은 선교

주일, 두 번째 주일은 가정주일, 네 번째 주일은 나눔의 주일로 지킵니다. 환경주일은 '차 없는 주일'이라고 하여 대중교통을 이용하거나 걸어서 예배당에 오도록 권면합니다. 일회용품, 특히 일회용 컵을 사용하지 않도록 노력하고 있습니다. 개인적으로 컵을 가지고 다니면서 사용하고 있는 교인들도 꽤 되고, 점차 그 수가 늘어나는 추세입니다. 폐식용유를 수집하여 재활용하도록 하고 있는데, 폐식용유는 교인 가운데 사업을 하는 분이 가져가시고, 전도회에 그 비용을 주어서 선교비로 활용하고 있습니다. 계절이 바뀔 때마다 옷가지를 수집하고 있으며, 수집된 옷들은 정리해서 교회 가까이 위치한 '아름다운 가게'를 통해서 재활용하도록 하고 있습니다. 전에는 교회 자체적으로 아나바다운동을 했었지만, 아름다운 가게가 생긴 후로는 그곳과 많은 협력을 하려고 하고 있습니다.

우리 교회는 네온으로 밝히는 십자가는 없습니다. 전기절약과 비용 절감을 위해 최근에 예배당의 전구를 LED로 교체하였습니

재활용 운동

다. 적지 않은 비용이 들어야 했지만 멀리 바라보면서 과감하게 실행하였습니다. 앞으로 교육관의 모든 전구도 교체할 계획을 갖고 있습니다.

주보는 아직까지 재생지를 사용하지 않지만, 칼라 인쇄는 하지 않습니다. 될 수 있으면 주보에 들어가는 비용을 적게 하고 있으며, 행사 때도 가급적 검소하고 절제된 순서지를 만들기 위해 노력하고 있습니다. 앞으로는 주보도 재생지로 바꾸어 사용할 계획입니다.

최근에 와서 합심하여 기도하는 제목에 '신음하는 피조물을 위하여'를 추가하여 기도를 시작하였습니다. 수요기도회에는 환경을 주제로 하는 설교를 계속해서 하고 있습니다. 특별히 우리교회가 남다르게 내세울 만한 것은 없는 것 같습니다. 그저 여러 분야에서 환경을 지켜나가는데 노력을 기울였을 뿐입니다.

기독교환경운동연대에서 2013년 녹색교회로 선정하여 주시므로 환경에 대한 더 많은 관심과 노력을 기울이게 되는 자극이 되었습니다. 남들보다 잘해서가 아니라 앞으로 더 잘하는 교회가 되라는 채찍의 뜻으로 받아들입니다. 녹색교회로서의 모범이 되어야 한다는 부담감도 가지게 되었습니다. 좋은 부담감이 되었다고 생각합니다.

환경에 대해서 공부를 하면서 인식을 변화를 이루게 되었습니다. 이전에는 사람이 중심이고 환경은 변두리라고 여겼습니다. 하지만 지금은 형제로 여기게 되었습니다. 시 133:1은 "형제가 연합하여 동거함이 어찌 그리 선하고 아름다운고"라고 말씀합니다. 연합하고 동거해야 하는 것은 사람만이 아니라 하나님께서 지으신 모든 피조물이어야 하며, 우리가 살고 있는 지구라는 생각을 하게 된 것입니다.

우리 교회에서 녹색교회가 가지는 의미

이후로 녹색교회인 정읍중앙교회는 온 교회가 더 열심히 환경에 대한 공부를 할 것입니다. 무엇보다 아는 것이 중요하다고 여겨지기 때문입니다. 기회가 주어질 때마다 그리고 기회를 만들어서 환경에 대한 더 많은 공부를 함으로써 환경에 대한 중요성과 지구환경을 지키는 일에 구체적으로 무엇을 해야 할 것인지를 알아가도록 하려고 합니다. 그리고 중요한 것은 실천일 것입니다. 범교회적으로 실천할 수 있는 일들을 더 적극적으로 과감하게 실천해 나가도록 하려고 합니다. 그리고 개개인이 실천할 수 있는 일들은 지금까지는 계몽적인 성격을 띠었다면, 이제부터는 약간은 구속력을 가지는 실천을 해나가도록 하려고 합니다. "티끌 모아 태산"이라는 말처럼 나 한사람의 실천이 중요하고 그 실천들이 모여져서 변화를 이루게 될 것이기 때문입니다.

보내주신 '녹색교회' 팻말은 자랑스럽게 교육관 로비에 붙여 놓았습니다. 그 팻말에 부끄럼이 없도록 지구를 살리고 환경을 지켜나가는데 모범이 되며 앞장 서는 교회가 되겠습니다. 더불어 다음 세대가 자랑스럽게 여기는 교회, 그리고 하나님께서 칭찬하시는 교회가 되도록 기도하며 수고를 아끼지 않으려고 합니다.

주산교회*

생태도시 담양 대나무골의 녹색교회

주산교회는 광주 남광교회를 섬기시던 도남수 집사가, 1970년 12월 10일 담양군 고서면 주산1구에 위치한 서찬열 씨 방에서 최초로 예배를 드림으로써 대한예수교장로회 일신교회로 창립되었습니다. 도남수 집사는 교회가 있을 만한 곳에 교회가 없으면 그 지역에 상주하며 지역사람들의 어려움을 함께 나누는 헌신적인 사랑으로 전도를 하였습니다. 그는 그렇게 해서 전도의 열매가 맺어지면 그 곳에 교회를 세우고 또 다른 곳으로 이동을 하면서 같은 방법으로 많은 교회를 설립하셨는데, 우리 주산교회도 그 중에 하나입니다. 그런데 그 자녀 분 중에 도영철 장로(현 목사)도 선친께서 하셨던 것처럼 많은 교회를 세우셨습니다.

* 김광훈 목사. 전남 담양군 고서면 주산리 510-6. 061-382-3410

주산교회의 환경사랑

1) 마을청소

1995년부터 설, 추석을 포함하여 분기별로 마을청소를 합니다.

2) 자연예배

1996년부터 교회를 떠나 하나님이 지으신 자연에서 예배드립니다.

3) 환경교육

(1) 교회 자체적으로 환경교육을 실시할 수 있는 여건이 충분치 못하여 광주·전남지역에서 실시하는 환경 세미나 및 행사에 교우들이 적극 참석하고 있으며, 2007년부터는 기독교환경운동연대 사무총장과 여러 강사로 초청하여 환경 세미나를 실시하였습니다.

(2) 대한예수교장로회 총회와 기독교환경운동연대에서 실시하는 환경통신강좌를 실시하여 26명이 수료를 하였습니다.

4) 환경위원회 조직

2005년부터 제직회 부서에 환경위원회를 두었습니다.

5) 재활용쓰레기 분류 및 활용

2002년부터 '쓰레기 태우지 않기 운동'을 시작으로 재활용 쓰레기를 모으고, 분류하는 과정을 통해 재활용에 힘쓰고 있으며, 판매 수익금으로 관내 초등학교와 중학교의 저소득 가정 졸업생들에게 소정의 장학금을 지급하고, 지역의 독거노인 및 장애인에게 우유 제공 프로그램을 실시하고 있습니다. 이 운동은 교회 내에서 시작하여 지역사회 운동으로 승화 발전되고 있습니다.

6) 환경주일 지키기

기독교환경운동연대에서 제공하는 지침서에 따라서 환경주일을 지키고 있을 뿐만 아니라, 환경운동의 저변 확대를 위하여 교우 중에서 환경선교에 공이 있는 자를 선정하여 환경선교상을 수여하고 있으며, 2007년부터는 지역에서 환경운동에 공이 있는 자를 선정하여 표창(상금 10만원)하고 있습니다.

7) 지역현안에 공동 대처

지방자치 제3기에 난개발 방지를 위하여 제정한 도시계획 조례 21조를 민선4기에 폐지하려는 시도에 대해, 당시 (사)생태도시담양21협의회(회장 김광훈)를 중심으로 광주·전남지역의 환경단체들의 협력과 도움으로 군의회에서 만장일치로 부결시키는 등 지역현안에 적극대처하고 있습니다. 또한 지난 해 7-9월에는 기독교환경운동연대에서 실시하는 전력 10% 줄이기 운동에 참여하여 약 15% 이상을 절약하는 성과를 거두었지만, 전력소모를 줄이기 위해 반소매의 찬양대 가운을 구입하느라 재정이 더 들기도 하였습니다.

담임목사를 중심으로 한 지역활동

1) 지방의제21 조직

지방의제21의 조직인 (사)생태도시담양21협의회 초대 이사장을 지내면서 환경대학을 개설하여 환경교육을 실시하고 각종 환경운동에 앞장섰습니다. 그러나 민선 4기 시절에 도시계획 조례21조 폐지 반대운동에 앞장 선 결과 군수의 미움을 받아 (사)생태도시담양21협의회가 해체되는 불운이 있었습니다. 그러나 민선 5기에 재건하여 활발한 활동을 하고 있습니다.

지력민 대상 환경강의 및
환경선교 주일 지키기 운동

2) 영산강 살리기 네트워크 상임운영위원장

영산강 살리기 네트워크는 광주·전남지역의 15개 환경단체로 구성되어 있으며, 영산강이 흐르고 있는 8개 시·군의 영산강유역 행정협의체와 협력하고 있습니다. 이 네트워크는 영산강 한마당행사, 영산강 대탐사, 식생대 조사, 물의 날 행사 주관 등, 영산강 환경문제와 관련한 다양한 환경보전 활동을 펼치고 있습니다. 특히 영산강 대탐사는 전국에서 모여든 100여 명의 중·고생들과 함께 영산강 350리를 걸으면서, 탐사활동을 통하여 강 사랑과 환경운동을 고취시키고 있습니다. 제7회를 마친 지금 영산강 대탐사에 참여했던 청소년들이 스스로 "Love River"를 조직하여, 매월 1회씩 스스로 하천이나 강둑을 걸으면서 생태조사 및 자연정화 활동과 환경교육을 실시하고 있습니다.

3) 전남그린리더협의회 활동

그린리더 교육인 초급, 중급, 고급과정을 수료하고 담양군의 그린리더회장, 전남 그린리더 부회장으로 활동하고 있으며, 특히 지난해에는 탄소포인트제 가입 홍보활동을 통한 녹색생활 실천운동을 했습니다.

4) 지역의 환경운동 단체 활동

영산강 유역 환경청 민간 종교단체환경정책협의회 위원, 영산강 살리기 운동본부 공동의장, 담양생강 살리기 운동본부 대표,

영산강 살리기 대탐사

담양군 환경정책위원, 담양군 에코포럼 조직위원 등 각종 활동을 하고 있으며, 호남운하 백지화 전남시민행동 상임대표를 역임하면서 운하 백지화운동에 앞장서기도 했습니다.

5) 가로수사랑군민연대 의장

2000년 담양-순창 국도선을 4차선으로 확장공사를 진행하면서 메타세쿼이어 가로수를 베어낼 계획을 세우자 담양군민 및 뜻있는 분들이 모여 가로수 사랑 군민연대를 조직하여 지켜내는 성과를 거두었고, 이것을 기념하여 매년 가로수사랑 음악회를 환경을 주제로 열리고 있습니다.

6) 총회 환경보전운동 협력

총회 환경보전위원, 환경보전위원장으로 교회 내 환경보전 활동을 위한 정책을 입안하고 있으며, 특히 몽골 사막에 희망을 심는 "은총의 숲" 가꾸기에 협력하기 위하여 직접 "몽골 은총의 숲 가꾸

환경캠페인과 가로수 사랑 군민 연대활동

기 기행"에 참여하였습니다. 그리고 매년 적은 액수이지만 몽골 은총의 숲 헌수운동에 앞장서고 있습니다. 2009년 제93회기 총회에서는 제6회 사회봉사상(환경부문)을 수상하기도 하였습니다.

청지기교회*

느티나무 잎 새를 닮은 녹색의 영성

청지기 교회는 1992년, 경기도 의왕시 고천동의 '우리 동네 공부방'에서 시작하여, 2005년에는 지금의 군포시 도마교동의 구봉산 자락에 있는 숲 속 건물을 빌려 이사를 오게 되었습니다.

숲속 자연학교로 시작된 녹색교회

2001년부터 교회에서 예장생협 물건을 나누어 쓰다가 설립한 살림터생협(현 경기남부 두레생협)의 조합원들과 함께 주말 자연학교를 이끌었던 경험을 바탕으로, 이사 온 바로 그해부터 자연학교를 시작하였고, 2006년에는 총회를 통해 CWM 기금을 지원받아

* 이진형 목사. 경기도 군포시 도마교동 산 1-4. 031-462-8832

눈 내린 청지기 동산

녹색교회 확산사업 프로그램을 진행하기도 했습니다.

도심에 있던 교회가 숲 속으로 이전하는 일은 간단한 일이 아니었습니다. 교회 공동체가 숲 속에서 자연을 가까이 접하는 녹색교회가 되자는 뜻에는 동의를 했지만, 이전하는 곳에 특별한 연고가 있던 것도 아니고, 대중교통도 마땅치 않았으며 한 여름에는 풀들이 무성하게 자라나고, 한 겨울에는 지하수 우물이 얼어붙는 교회 건물을 관리해야 하는 문제도 만만치 않아 보였습니다. 그 가운데서도 교회 공동체의 가장 큰 고민은, 우리처럼 작은 교회가 시내의 사람 많은 곳에서 전도 활동을 해도 모자랄 판에, 이렇게 인적이 드문 산 속으로 들어가면 어떻게 교회 공동체에 새로운 사람들이 들어올 수 있을 것인가라는 문제였습니다.

생태문화의 공간, 까페 콩세알

그렇게 청지기교회가 숲 속으로 이전을 한 지 올해로 9년이 되었습니다. 여전히 이런저런 고민들은 계속되고 있지만, 청지기 공동체 구성원 누구나가 어렵고 힘든 일들보다는 이전에는 생각지도 못한 녹색교회의 큰 기쁨과 즐거움을 누리고 있습니다. 봄이면 청지기동산에 환하게 피는 목련꽃을 기다리다 부활절을 맞이하고, 여름이면 마당의 풀을 베다 느티나무 그늘진 정자에 앉아 뻐꾸기 울음소리에 귀를 기울이고, 가을이면 저수지로 날아드는 오리 떼를 맞이하며 감사절을 맞이하고, 겨울이면 느긋하게 차를 산 아래에 세워두고 눈길을 걸어 올라와 성탄예배를 드리는 청지기교회를 모두가 기뻐하고 자랑스러워합니다. 더불어 가장 큰 고민이었던 새로운 사람들과의 만남도 이전보다 더 활발해진 것 같습니다. 어디에서 어떻게 이 산자락 숲 속 교회 이야기를 듣고 왔는지는 모르

겠지만, 까치가 우는 주일 아침이면 새 가족들이 쭈뼛쭈뼛 낯선 예배에 함께하다가 교회 마당에서 아이들이 마음껏 흙놀이를 하고, 강아지를 껴안고 뒹굴고, 꽃을 꺾어 소꿉놀이를 하는 모습을 지켜보다 어느새 교회 식구가 됩니다. 그렇게 청지기교회는 구봉산 숲 속에서 행복한 20주년을 맞이했습니다.

우리 교회가 가지고 있는 대표적인 녹색교회 목회프로그램

청지기 교회는 지난 2006년도에 녹색교회 확산사업 프로그램을 진행하면서, 말이 좀 거창하지만 하나님이 창조하신 생명에 대한 성찰을 통해 환경문제를 신앙적인 결단의 차원으로 인식하고, 나아가서 그러한 신앙적 결단이 녹색 지향적 삶으로의 존재 방식의 변화를 가져오게 하는 자연학교, 녹색영성 수련회, 지역생태 기행, 환경선교 세미나, 환경주일 예배 등 다섯 가지의 환경선교 프로그램을 계획하고 진행했었습니다. 그 중에서도 가장 오래 지속되었고 즐거웠던 것은 자연학교입니다. 이것은 아이들이 청지기동산의 숲과 주변의 호수에서 마음껏 뛰어 놀며 살아있는 자연을 만나게 하고, 다양한 체험을 통해 생명의 소중함과 자연의 아름다움을 느끼도록 해준 프로그램이었습니다.

청지기 자연학교에서는 지식을 쌓는 교육보다는, 영성과 감수성을 높이는 체험에 훨씬 더 많은 정성을 쏟았습니다. 예를 들어 숲 체험을 하면서도 풀과 나무, 새와 벌레들의 이름을 아는 것보다는, 그것들을 나와 같은 귀한 생명으로 여기며 따뜻하게 만날 수 있도록 하는 데에 더욱 마음을 썼습니다. 그것을 위해 잠시 자연을 위한 기도를 하기도 하고, 손을 잡고 고마운 마음을 풀, 나무, 새와 벌레들에게 전하기도 했습니다. 그렇게 아이들과 함께한 자연과의 깊은 체험은 고스란히 청지기교회의 영성이 되었습니다.

만일 이 세상에 꽃들이 없다면 어떤 일이 일어날까요?
가득한 기쁨으로 웃는 사람이 아무도 없을 테지요.
만일 이 세상에 나무들이 없다면 어떤 일이 일어날까요?
기댈 곳이 없어 슬퍼도 울지 못하고 살아갈 테지요.
만일 우리에게 어린이들이 없다면 어떤 일이 일어날까요?
희망이 없는 침묵, 그저 아무런 말없이 살아갈 테지요.
주님, 우리에게 꽃과 나무, 그리고 어린이를 주셔서 감사합니다.
우리에게 웃음과 울음, 또 시끄러움을 주시니 감사합니다.
아멘.

_2012년 5월 6일 어린이주일 기도

발을 내딛어 가을의 땅을 지긋이 밟아보십시오.
주님은 우리에게 천천히 여유를 누리라 하십니다.
손을 내밀어 가을의 나무를 쓰다듬어보십시오.
주님은 우리에게 무거운 짐을 내려놓고 쉬라 하십니다.
고개를 들어 가을의 하늘을 조용히 바라보십시오.
주님은 우리에게 높고 맑은 마음으로 살라 하십니다.

이 가을 주님의 품에서 마땅히 해야 할 일을 하십시오.

우리를 늘 만나주시는 주님, 감사합니다.

아멘.

_2012년 10월 28일 만남의 기도

지금 청지기교회는 아쉽게도 자연학교 프로그램을 정기적으로 운영하고 있지 못합니다. 하지만 자연학교를 모태로 청지기공방을 개설하여 목공수업을 진행하고 있으며, 청지기동산을 아름답게 가꾸어 생태적 영성을 필요로 하는 이들에게 쉼과 수련의 장소로 사용하도록 하고 있습니다. 해마다 환경주일을 지키는 것은 물론, 계절마다 갖는 수련회를 청지기동산 밖의 자연과 어울리며 지내는

어린이 말씀 나눔

녹색 수련회로 진행하고 있습니다. 그리고 NCCK의 녹색교회로 선정된 작년에는 청지기교회 창립 20주년 기념사업으로, 이웃들과 함께 청지기교회의 정신을 나누기 위해 교인들의 힘을 모아 'cafe 콩세알'이라는 작은 북카페를 의왕시 초평동 왕송 저수지 입구에 마련했습니다. 한 해 동안 카페를 통해 더 많은 사람들과 함께 청지기교회의 경험을 나누었고, 카페 안에는 건강한 먹을거리와 함께 각자가 만든 물건들을 서로 사고파는 '착한살림' 매장을 조그맣게 운영했습니다.

녹색의 영성, 녹색의 하나님

청지기교회에게 녹색교회란 청지기교회와 같은 이름입니다. 청지기교회가 존재하는 자리가 바로 녹색이 우거진 곳이고, 청지기교회의 영성은 녹색의 영성이며, 청지기교회가 바라보는 곳은 녹색의 하나님이 계신 곳입니다. 청지기교회 아이들의 찬양 시간은 재미없는 어린이 예배를 드리는 시간이 아니라 나뭇가지를 주워들고 신나게 뛰어 놀며 소리 지를 때이고, 청소년들이 기도를 하는 시간은 교회 마당의 강아지와 눈을 마주치며 장난칠 때이며, 청년들이 말씀을 나누는 시간은 숲길을 걸으며 철새들의 지저귐에 귀 기울일 때입니다.

저 멀리에서 아파하는 자연과 이웃들을 위해 생명과 평화의 기도를 드리고, 우리가 누리는 이 풍성한 자연의 아름다움을 세상 모든 이들이 함께 나누지 못함을 미안해하고 아쉬워하며, 교회 인근의 나무들이 태풍으로 쓰러지고 고속도로 공사로 잘려나가는 모습을 보면서 눈시울을 붉히는 청지기교회의 구성원들에게 청지기교회는 진작부터 녹색이었습니다. 가을이면 단풍으로 붉게 물들고, 겨울에는 눈에 덮여 하얗게 빛나며, 봄이면 앵두꽃처럼 엷은 분홍물이 들 때도 있지만, 그러나 청지기교회의 본바탕은 이제 누가 뭐래도 느티나무 잎 새를 닮은 고운 녹색입니다.

나들이 예배

하남영락교회*

교회의 빛에서 세상의 빛으로

교회와 마을 이웃되게 한 화단

하남 영락교회는 서울 영락교회의 기도와 당회의 결의로 하남에 개척된 교회입니다. 저는 이미 서울 영락교회 사회봉사부 지도목사를 하면서부터 기독교환경운동연대와 함께 환경주일을 섬기고 환경운동과 생태신학에 관심을 가졌습니다. 하남 장수마을에 작은 교회를 개척하면서 텃밭을 가꾸고 조그만 마당에 잔디도 심었으며, 동네 입구에 화단을 만들었습니다. 그렇게 해서 동네의 쓰레기장은 예쁘고 아담한 "장수마을 화단"으로 탈바꿈되었습니다. 동네 주민들은 교회가 들어와서 동네가 환해졌다고 좋아하며, 교회와

* 한규영 목사. 경기 하남시 덕풍동 13-8. 031-794-0091. www.hanamyoungnak.or.kr

좋은 이웃이 되었습니다. 교회를 아름답게 건축하고 마을을 돌보고 가꾸니, 교회와 마을이 함께하며 좋은 이웃이 되는 경험을 하였습니다.

여기서 교회의 사명은 복음을 증거 할뿐만 아니라, 교회가 자리한 지역에서 아름다운 환경을 만들고 지역공동체를 회복하는 일도 중요한 사명임을 분명히 깨닫게 되었습니다. 오늘날 교회의 사명은 하나님이 창조하신 자연을 사랑으로 회복시키고, 더불어 생명공동체를 복원하는 것이라고 믿습니다.

현재 우리 교회는 망월동 예배당이 미사리 보금자리 택지로 수용되어 덕풍동으로 이사했습니다. 이곳에 와서도 교회 앞에 그냥 버려져 있던 공터를 가꾸어 아담한 화단을 만들었습니다. 이름을 기쁨의 정원(Joy Garden)이라고 하고, 목련나무, 장미넝쿨, 단풍나무 등 작은 나무들을 심었습니다. 야생초를 중심으로 화단을 가꾸고 원목 테이블을 화단 중심에 두니, 교인들뿐 아니라 마을 주민들이 쉬었다 갈 수 있는 자연공간이 되었습니다. 그 전에는 이곳도 담배꽁초와 각종 비닐 등이 쌓인 쓰레기장과 비슷한 처지였습니다. 교회가 와서 아름다운 정원을 만드니, 역시 동네사람들이 감사한 마음을 가지고 "꽃밭이 아름답습니다"라며 인사를 건넵니다.

생명공동체를 이루는 녹색 선교

우리 교회는 녹색교회로서 생명텃밭을 가꾸고 있습니다. 교회

교회 건너편 언덕에 있는 생명 텃밭

건너편 언덕의 땅을 빌려서 고추와 가지, 방울토마토 등을 심어 함께 돌보고 있습니다. 생명텃밭을 통하여 성도들이 먹거리의 소중함을 다시 생각하게 되고, 스스로의 노동으로 결실을 거두는 기쁨과 수고를 배우고 있습니다. 올해는 우리 교회 안우현 전도사님이 퇴촌 영동리에 밭을 약 일 만평 정도 임대해 콩과 도라지를 심고 농사를 짓고 있습니다. 이 농사에 성도들이 함께 참여하기로 하여, 얼마 전에는 함께 콩 파종을 하고 오기도 했습니다. 녹색교회로서 무엇보다도 하나님이 창조하신 자연의 세계에 가까이 다가가며, 자연 가운데 계신 하나님의 지혜와 아름다움을, 그리고 그것을 통한 녹색영성(green spirituality)을 체험하고자 합니다.

또한 우리 교회는 작지만 아나바다 실천을 이끄는 초록가게도 열어 성도들과 함께 나누고 있습니다. 초록가게의 물품들은 성도들이 자발적으로 기증하고 있습니다. 앞으로 지역주민들이 함께 아용하고 사랑하는 초록가게로 발전시키는 것이 꿈입니다. 초록가

초록가게' 와 친교 공간 '나드 까페'

게 옆에는 북카페 나드도 함께 운영하고 있습니다. 북카페는 성도들이 친교하는 공간 일 뿐만 아니라 커피문화를 배우며 참여하는 공간이기도 합니다. 매달 추천도서를 선정해서 함께 책 읽는 분위기도 만들어 가고 있습니다. 북카페는 특별히 지역사회 주민과의 만남을 우선으로 하고 있습니다. 교회에 들어오기를 어색해 하는 지역주민들도 수월하게 카페에 와서 대화를 나누고 있습니다. 카페는 일정한 수입도 발생하고 있어서 구제와 장학사업을 위하여 소중하게 사용됩니다.

끝으로 하남 영락교회는 휴앤 DIY 목공방을 운영하고 있습니니다. 목공방을 통하여 교회의 필요한 물품들은 스스로 제작하고 있으며 성도들에게 친환경 자연목재를 이용한 가구들도 제작해 주고 있습니다. 사실 기술은 그리 대단하지 못하지만 함께 만들어 사용하는 기쁨과, 자연목재를 이용한 건강한 가구를 만든다는 의미를 가지고 최선을 다하고 있습니다. 십자가와 성구 등도 제작하여 개척교회나 어려운 교회에 지원하기도 합니다. 함께 일하는 공동체야말로 녹색교회의 참모습이라고 생각합니다. 교회는 노동의 신성함을 가르치는 곳일 뿐만 아니라, 함께 노동하는 것이 아름답고 신성한 모습임을 세상에 전하고자 합니다.

우리는 하나님이 창조하신 이 우주 자체가 녹색교회라고 믿습니다. 하나님은 사람이 손으로 지은 특정한 성전에 계시지 않으며 저 하늘과 땅, 어디나 하나님의 거처로 삼고 계신다고 했기 때문입니다(행 17:24 참조). 그러므로 녹색교회는 21세기의 모든 교회가 회복해야할 교회의 본래의 모습이라고 확신합니다. 교회가 하나님의 창조세계의 아름다움에 참여하며, 창조세계의 질서를 존중하는 일에 앞장서고 가르쳐야 한다고 생각합니다. 녹색교회는 아름다운 지구를 돌보라는 하나님의 창조녹색명령(창 1;28)을 실천하고 전파하는 사명이 있습니다. 교회는 환경을 위한 녹색선교사(green missionary)가 되어서 인간의 원죄로 인한 탐욕과 무지에 대항하여 파괴되는 자연과 공동체를 구해야 한다고 믿습니다.

지금의 세계는 환경파괴와 이로 인한 환경재난으로 자연과 사람 모두가 고통을 받고 있습니다. 지역적인 환경문제들(물, 토지, 공기

오염 등)뿐만 아니라 지구적인 환경재앙(기후온난화, 사막화, 생명종의 멸종 등)의 문제로, 아름다운 자연 뿐만 아니라 가난한 지역의 빈민들이 먼저 가난과 질병으로 고통을 당하고 있는 실정입니다. 환경파괴는 부자 나라와 부자들이 저지른 일인데, 이로 인한 피해와 고통은 가난한 나라와 가난한 사람들이 떠맡고 있는 것은 실로 모순적인 현실입니다. 여기서 녹색교회의 사명은 자연을 돌보고 회복시키는 것과 더불어 생명 공동체를 복원하는 것이라고 믿습니다. 자연의 파괴는 인간의 탐욕과 무지의 결과이며, 이러한 탐욕과 무지로 인하여 결국은 인간 공동체도 함께 파괴되고 있는 것이 지금의 모습입니다. 그러므로 녹색교회가 된다는 것은 상업자본주의와 천박한 기술주의에 물든 이 세상에, 하나님의 창조의 질서를 존중하며 이웃을 사랑하는 본연의 삶을 사는 방식을 전파하는 것이라고 생각합니다. 성도들이 아껴 쓰고 나눠 쓰는 생명소비문화를 실천하고 전파하여 가난한 이웃을 돕는 것이 녹색교회의 생활실천운동이라고 믿습니다. 초록가게와 나드 까페를 통하여 구제사업과 장학사업에 충실하고자 합니다.

교회공동체의 소망, 녹색교회

지금까지 살펴보았듯이, 녹색교회는 모든 교회에게 공동체의 소망과 구속의 소망을 주는 소망의 교회입니다. 지금 만물은 썩어짐의 종노릇에 신음하고 있으며, 생태적 구원을 소망하고 있습니다(롬 8:21 참조). 녹색교회의 사명은 지구와 인류에게 새 하늘과 새 땅의 희망을 전파하는 것이라고 믿습니다. 파괴되고 헐벗은 환경은 우리에게 어두운 미래의 그림자를 내리우고 있습니다. 환경파괴와 더불어 탐욕과 물질로 파괴된 공동체는 미래의 소망이 사라지고 더욱 심한 탐욕과 경쟁만이 기승을 부리고 있습니다. 여기서 인간의 구원은 단지 인간 개개인만의 구원이 아님을 우리는 알고 있습니다. 하나님이 창조하신 자연이 없이 인간만의 구원은 공허한 환상에 불과한 것이라고 생각됩니다. 따라서 우리가 지금 여기서 지구의 아름다움과 풍성함을 가꾸며, 인간 공동체가 말씀과 영성으로 아름답고 건강한 공동체로 회복되는 것이야말로 우리가 꿈꾸는 생태적 구원, 녹색소망(green hope)을 향하여 나가는 길이라고 믿습니다.

하늘담은교회*

대구 수성구 지산동의 에덴동산

대구 수성구 지산동에 위치한 하늘담은교회는 1972년 11월 19일, 당시 사용하지 않던 계사(닭장 약15평)에서 지산제일교회로 시작되었습니다. 현재 42년의 역사를 가진 교회로, 매주 장년 1,000여명, 교회학교 400여명이 예배를 드리고 있습니다.

교회이름은 설립 이후 지산제일교회로 사용하다가, 2010년 하늘담은교회로 개명을 하게 되었습니다. 새로운 교회의 이름은 주님께서 가르쳐주신 기도문 중 '나라가 임하시오며 뜻이 하늘에서 이루어진 것 같이 땅에서도 이루어지이다'(마 6:10)는 구절로부터 받아온 것입니다. 이름 그대로 우리는 하늘을 땅에 심는 교회가

* 남정우 담임목사, 신정환 원로목사. 대구광역시 수성구 지범로 23길 1. 053-784-0561. www.hadamch.or.kr

자연과 함께 드리는 예배

되기를 기도하며, 지역주민들이 원하는 교회, 지역주민과 함께 나누고 지역에 필요한 것을 제공하는 교회로서의 역할을 감당하는 사역을 펼쳐나갔습니다.

지역의 필요를 채우다 시작된 생명운동

문화휴식공간 북카페 '하늘담은 집(일명 하담으로 불림)'을 오픈하여, 누구나 와서 차를 마시며 책도 읽고 각종 모임도 가질 수 있게 하였다. 또한 복지사업으로, 저소득층 어르신들의 방문 요양 및 돌보미 서비스를 제공하는 하담노인복지센터와, 부모들의 보호 밖에서 방치되거나 유해 환경에 노출된 지역 내 저소득층 아동들에게

학습지도 및 급식을 지원하는 하담아동센터도 운영하고 있습니다.

기존 교회당이 협소하여, 1991년 새성전 건축 계획을 세웠습니다. 교회를 건축할 시 교회에 담장을 세우지 않는 것을 미리 계획하고 설계하도록 했습니다. 그 당시 대부분의 건물들은 담장을 다 가지고 있었던 터라 담장 없이 교회를 세운다는 것은 당시로서는 파격적인 생각이었습니다. 교회가 교회로서의 모습과 더불어 세상을 앞서가야 한다는 신정환 목사의 생각이 친환경적인 교회사역과 함께 지역주민들에게 교회의 개방된 모습을 보여주었습니다.

1993년부터는 생명운동의 하나로 교인뿐만 아니라 지역민들에게도 내 손으로 직접 텃밭을 일구도록 하였습니다. 성도들과 주민들은 그곳에서 재배하고 수확한 유기농 채소와 열매를 먹고 나눔으로써 자연과 흙을 통해 주시는 창조주 하나님의 생명의 신비를 경험하게 되었습니다. 또한 자녀들의 인성교육에도 좋은 주말농장을 시작하였고, 이제는 매년 60가구 정도가 분양을 받아 1년간 농사를 지을 수 있도록 운영하고 있습니다.

1999년부터는 30㎡ 규모의 초록가게인 아나바다장터 나눔의 집을 열었다. 교인들과 지역주민들로부터 집에서 입지 않는 옷이나 물건들을 기증받아 세탁하고 수리하여 저렴한 가격으로 판매하고 있습니다. 판매수익금은 전액 지역의 구제비로 사용하고 있으며, 교회 자원봉사자들에 의해 운영되고 있습니다.

또한 목회자들이 매년 날씨가 더운 6월부터 9월 초까지 남방차림의 간편하고 깔끔한 복장을 입는, 이른바 '풀고 벗고 남방입기'

운동을 시작하였습니다. 재킷 없이 남방만 입기 때문에 넥타이를 맬 필요가 없습니다. 신정환 목사는 "넥타이를 매지 않고 남방만 입으면 자기 체온이 2~3℃ 이상 내려가기 때문에 실내온도를 많이 낮추지 않아도 된다"고 말합니다. 지금은 찬양대도 가운을 입지 않고 남방을 입습니다.

자연과 하나되는 교육과 탄소금식운동

신정환 목사는 도심에서 그렇게 멀지 않은 곳에 교회에서나 집에서 마음만 먹으면 언제나 자연을 누리며 쉽게 갈 수 있는 곳, 천천히 가더라도 자동차로 1시간 안팎에 도달할 수 있는 곳, 그리고 산 좋고 물 좋은, 자연과 하나 될 수 있는 곳에 영성수련원을 세울 꿈을 꾸었습니다. 수련원은 2007년 7월에 첫 삽을 뜨고 2008년에 준공되어, 교회는 마침내 그 꿈을 이루게 되었습니다. 그리고 그 영성수련원의 이름을 하나님이 처음 만드신 '에덴동산'이라 지었습니다. 그 곳엔 그들이 이 세상을 떠날 때 온 모습 그대로 떠나고 싶은 사람들, 즉 아름다운 동산에서 육은 흙으로, 영은 하늘로 가고 싶은 사람들이 묻힐 수 있는 '하늘 정원'이라는 수목장(2009년)도 있습니다.

영성수련원인 에덴동산이 점점 모습을 갖춰감에 따라 2010년부터는 에덴동산 주위에서 '자연과 함께 드리는 예배'를 열어, 자연 더 가까이에서 자연이 주는 쉼과 혜택을 누리며 이를 소중히 지키

주말농장 전경

는 마음을 가지게 되었습니다.

같은 해에 구역장과 부구역장 및 교회 항존직들을 위한 환경통신강좌를 열어 환경지도자교육을 실시했으며, 신 목사의 목표는 하늘담은교회 교인 모두가 환경지도자가 되어 각 자의 처소에서 환경지킴이가 되도록 하는 것이 목표가 되었습니다. 그렇게 하늘담은교회의 환경운동은 오래전부터 진행되었으며, 하나님의 창조질서를 보전해 나가는 것이 하나님을 섬기는 우리들의 의무라는 신 목사의 뚜렷한 의지로 시작되었습니다.

예수님의 고난과 십자가의 의미를 생각하는 사순절에는 그리스도인으로서 예수님의 고난에 동참하는 길이 환경을 살리는 일이라며, 전교인들에게 '탄소 금식운동'을 펼쳤습니다. 40일 동안 40가지를 다 실천하지 못하더라도 할 수 있는 것부터 시작하도록 했습니다.

우리교회의 환경운동은 교회 식당에서도 찾아볼 수 있는데, 이미 16~17년 전부터 '잔반 남기지 않기 운동'을 전개해 왔습니다. 예수님께서 '버리는 것이 없게 하라'고 말씀하셨으며, 그 말씀을 실천하는 것이 그리스도인으로서 마땅한 일임을 교인들에게 가르치셨습니다. 식당 곳곳에는 잔반을 남기지 말라는 글귀가 붙어 있습니다. 꾸준히 이 운동을 전개하면서 교인들 의식도 서서히 바뀌어 지금은 잔반을 남기는 경우가 거의 없습니다. 때로는 음식을 제공할 때 식빵 한쪽을 나눠줍니다. 식빵으로 남은 양념 등을 닦아먹기 위해서 입니다. 그리고 잔반을 줄이는 것을 넘어 작년에는 잔반통을 비치하지 않게 했습니다. 설거지 세제도 쌀뜨물 속에서 배양한 세제 EM(유용미생물군, Effective Microorganisms)을 사용하고 있습니다.

신음하는 생명의 필요를 채우는 녹색교회

앞으로 하늘담은교회는 녹색교회로서 하나님께서 창조하신 자연과 생명의 신음소리를 들으며, 이들에게 가장 필요한 것이 무엇이며 이들을 위해 우리가 할 수 있는 일들을 찾고 실천에 옮기는 교회가 될 것입니다.

그를 위한 실천으로 가장 먼저 전력수급에 위기를 겪고 있는 상

잔반통이 없습니다

황에서, 전기절약에 관한 인식을 높여 에너지 절약과 동시에 에너지 효율을 높이는 '에너지전환'의 길을 찾고자 합니다. 에너지 절약이 곧 환경과 생태의 보전이라는 인식과 함께, 쓰지 않는 가전제품의 코드 뽑기, 절전형 멀티 탭 사용 권장, 고효율 전구사용, 계절에 따른 실내 온도 적정유지 등 불필요하게 전기가 쓰여 지는 것을 최대한 막는 절전 실천운동을 더욱 확대할 것입니다.

두 번째로는 그동안 해왔던 여름철 '풀고 벗고 남방입기'를 더욱 널리 권장하고, 인식을 높이는데 주력하고자 합니다. 몇 년 전부터 목회자로부터 시작한 것이 이제는 장로들과 찬양대까지 동참을 하고 있습니다. 더 나아가 이러한 운동이 정착되기 위해서는 받아들이는 분들의 인식이 필요하기에, 이에 따른 효과적인 홍보를 펼쳐나갈 것입니다.

세 번째로는 아나바다운동의 하나인 '초록가게 나눔의 집'을 활

하늘정원 수목장

용할 것을 권장합니다. 조금만 신경 쓰고 수고하면 더욱 아껴 쓸 수 있고 나눠 쓸 수 있는 좋은 장을 잘 살려 나가도록 하겠습니다. 우리들이 함께 나누는 것이 바로 하나님의 창조 섭리임을 배우고 실천하는 장이, 나눔의 집입니다.

녹색교회가 되는 길은 앞서 그 길을 지도하는 담임목사의 의지도 중요하지만, 무엇보다 스스로 실천하는 교인 각자의 의지도 중요합니다. 서로 동참하려는 동기유발을 끊임없이 해주는 것이 지도자의 길임을 분명히 인식하고, 계속해서 배우고 실천하는 목회자, 그리고 교회가 되겠습니다.

혜현교회*

하나님, 이웃
그리고 자연 사랑

서울의 끝자락인 강서구 방화동의 한강변에 위치한 혜현교회는 올해로 창립 36주년을 맞이하였습니다.

우리 교회가 녹색교회에 관심을 가지게 된 계기와 과정

2004년 성탄절에 김성국 목사가 부임하였습니다. 교회 주변은 한강과 개화산, 치현산, 하수종말처리장인 서남 물재생센터 사이에 위치해 있고, 교회 앞 2,500세대 아파트에는 소년소녀가장, 중증장애인, 독거노인, 차상위계층 주민들이 거주하고 있었습니다. 이러한 환경 속에서 교회는 구성원들의 노력에도 불구하고 정체상

* 김성국 목사. 서울 강서구 방화3동 838. 02-2664-7281. www.hyehyun.org

태에 있었으며, 교회의 핵심멤버들은 패배주의에 젖어 있었습니다. 때문에 김 목사는 부임하자마자 1년 간 지역사회를 인구별, 문화 분포별, 종교 분포별로 세분하고, 또 지역의 과거와 현재, 영적인 성향 등을 철저히 연구하였습니다. 그 첫 번째 사업으로 우범화의 현장이 된 학교와 교회 사이의 담장을 철거하고, 범죄에 노출된 청소년들의 고민을 상담을 통해 선도하였습니다. 또한 지역사회를 철저히 섬기며 지역사회의 필요를 채우는 교회가 되고자 노력한 결과, 지금은 성도 수가 부임 당시의 100명에서 400명 이상이 출석하는 교회로 성장했습니다.

들꽃숲새 사진전

'일상 속 녹색운동'을 넘어 녹색마을 만들기

혜현교회는 2005년부터 교인들과 함께 '일상 속 녹색운동'을 꾸준히 실천해 오고 있습니다. 해마다 환경주일을 지키면서 음식물 남기지 않기, 생명밥상 차리기, 쓰레기분리수거, 절수 · 절전운동, 여름철 전력 10% 줄이기 운동을 계속해서 벌이고 있습니다. 또, 교회 꽃꽂이를 폐지하고 화분으로 대체하였으며, 아나바다 중고장터와 도농 농수산물 직거래 장터를 열고, 최근에는 교육부서 주보 폐지, 어른들의 재생지 주보 사용, 이면지 활용 등으로 그 범위를 넓혀가고 있습니다.

2007년에는 서울시 한강사업본부와 지킴이교회 협약을 맺고, 매주 17개 선교기관과 교육부서가 수도 서울에 하나 뿐인 강서습

지생태공원 지킴이 활동에 매진하고 있습니다. 강서한강공원은 총 면적 1,035,463㎡로 한강 남단 가양대교에서 서울-김포시 경계까지 걸쳐있으며, 그 속에 거대한 규모의 습지공원이 있습니다. 습지공원에는 수백만 마리의 달팽이가 서식하고 있으며 여름과 겨울철 철새의 도래지로 명성을 떨치고 있습니다.

이곳에는 개구리와 멸종 위기종인 맹꽁이가 살고 있고, 고라니 가족, 너구리, 삵, 족제비 등의 동물들과, 황조롱이, 고방오리, 청둥오리, 누리, 거북이, 자라 등의 조류와 어류, 땅강아지, 배추흰나비, 산호랑나비 등의 다양한 곤충들이 서식하고 있습니다. 그야말로 동물들과 조류, 어류, 야생화 등이 함께 어우러져 있는 생태계의 보고인 것입니다. 5~6월에는 잉어들의 산란 모습과, 수많은 종류의 새들이 새끼를 부화시켜, 이곳은 새들의 노랫소리로 아름다운 낙원을 방불케 합니다. 때문에 교인들은 방문객들이 버리고 간 각종 오물과 쓰레기를 수거하고, 고성방가를 계도하고, 야생화와 약초, 동식물과 조류 및 어류 보호활동을 벌이고 있습니다. 더 나아가

강서습지생태공원

여름에는 교회와 학교의 연못에서 자라난 각종 수생식물들을 습지 공원에 분양하기도 합니다.

또, 아름다운 지역사회 조성을 위해 삼면으로 둘러싸인 교회의 모든 담장을 먼저 철거하고, 관계기관을 설득하여 초등학교와 570년 된 국가보호수가 있는 돌샘공원, 1km가 넘는 서남환경공원 담장들과 2,500세대 아파트의 담장을 철거하여 녹색길을 완성하였

습지지킴이 활동

습니다. 이 운동은 2011년 한강과 치현산, 개화산으로 연결되는 강서 둘레길과 녹색벨트로 완료되었습니다.

2008년부터는 담장이 철거된 교회와 학교 및 공원의 남겨진 공간에 음악이 흐르는 '낮은 울 쉼터'를 조성하였고, 이곳은 학생과 지역주민, 교회가 마음의 담을 허물고 하나가 되는 만남의 명소로 변모되었습니다. 교회는 이곳에 있던 작은 연못을 되살려 물고기와 논고동과 소금쟁이가 서식하는 공간으로 만들었으며, 예쁜 분수가 만들어졌습니다. 또한 교인들이 기증한 120여 종의 꽃과 나무가 철마다 아름다운 꽃을 피우고 있으며, 교인들은 학교의 넓은 자연학습장에까지 꽃과 나무를 심어 가꾸고 있습니다. 이러한 노력의 결과로 부임 당시 강서구 58만 명, 22개 동 가운데 가장 범죄율이 많았던 우리 동네는, 2011년과 2012년 범죄 없는 최고의 마을로 선정되기도 했습니다.

지금 교회는 당회원 수련회와 교역자 수련회를 환경수련회로 1년 3차 개최하고 있으며, 습지공원지킴이 봉사부, 들꽃숲새 선교회, 낮은 울 쉼터 조경부를 조직하여 운영 중입니다. 들꽃숲새 선교회는 강서습지공원의 식물을 사진에 담아 식물도감을 발간하여 사람들에게 자연의 소중함을 일깨우고자 열심히 활동 중입니다.

또, 한강의 지류에 800여 평의 주말농장을 개소하여 교인뿐만 아니라 지역주민, 지역 어린이집, 강서구와 양천구청, 소방서와 관세청 공무원까지 이용하는 텃밭을 운영하고 있으며, 이로써 교회의 선한 이미지 제고, 함께 하는 공동체, 생명식탁 활성화에 기여하

낮은 울 쉼터 개소식

고 있습니다.

무엇보다 의미 있는 일은 지역사회와 교회가 연대하여 서울-문산 간 도시고속도로의 마을 통과 반대운동을 벌이고 있으며, 한강변에 위치한 서울시 환경폐기물업체들의 이전 운동을 벌임으로써, 박원순 서울시장이 직접 방문하여 공원화사업을 하겠다는 약속을 이끌어 내기도 했습니다.

낮은 울 쉼터

하나님, 이웃, 자연 사랑의 터전인 녹색교회

한국교회와 세계교회는 '하나님 사랑, 이웃 사랑'이라는 교회의 본질에 충실해 왔으나, 하나님께서 6일 동안 창조하신 자연세계와 피조물에 대한 사랑에는 상대적으로 무심하였습니다. 그 결과 회복이 불가능할 정도로 돌이킬 수 없는 기후변화와 자연재해, 환경오염 등으로 지구가 중병을 앓게 되었습니다. 때문에 혜현교회는 하나님 사랑, 이웃 사랑, 자연 사랑을 교회의 3대 핵심 목회 방향으로 설정하고, 새 가족이 등록할 때부터 교육과 훈련을 병행시키고 있습니다. '위로는 하나님을 경외하고, 옆으로는 사람을 사랑하고, 아래로는 자연만물을 지키고 보존한다.'는 슬로건은 이 시대에 하나님이 교회에 주신 최고의 소명이므로, 교회의 3대 핵심 목회 방향에 전력을 다하고자 합니다.

황지중앙교회*

나로부터 시작되리!

백두대간의 등뼈를 이루는 태백산 중턱에는 아름다운 도시 태백시가 있습니다. 태백시는 태백산, 함백산 등 해발 1000미터 이상의 산 10여 개로 둘러싸인 고원분지에 형성된 산악도시이며, 해발 650미터 높이에 위치하고 있습니다. 나라의 가장 중요한 수원인 낙동강, 한강, 오십천 등의 발원지가 있는 태백시는 오랫동안 산간오지로 남아있었으나, 1960년대의 본격적인 탄광 개발로 사람들이 전국 각지에서 모여 들면서 도시가 형성되었고, 1981년도 태백시청이 개청됨으로써 대한민국 유일의 광산도시가 되었습니다. 태백은 겨울이 길고 여름은 서늘하여 모기가 없는 도시로 유명하며, 관광객과 피서객들이 많이 찾는 곳 입니다. 그런데 1989년 3월 정부의 에너지 정책 변화로(석탄에서 경유로) 석탄 합리화 사업이

* 이상진 목사. 강원도 태백시 황지동 368-212. 033-552-2749. www.shaloms.com

진행되었고, 사업 진행 4-5년 만에 40여 개의 광산이 폐광되면서 인구가 급격히 감소하였습니다. 태백시 인구는 12만8천명이었으나, 석탄 합리화 사업이후 1995년에는 8만 명으로 줄었으며 계속하여 인구가 감소되어 지금은 4만9천명이 살고 있습니다.

그 당시 황지중앙교회는 광부가 약 70%나 출석하는 광부 중심의 교회였습니다. 그 때 교회는 자신들이 직접 지은 예배당(연면적 100평의 2층 건물, 좌석 400석)을 성도들로 가득 채워 보겠다는 의지로 목회자를 물색 중이었습니다. 그러던 중인 1988년 1월, 당시 본 교회 중고등부장인 이우영 집사께서 춘천동부교회에서 개최된 겨울 학생수련회에 참석하였는데, 마침 신학교를 갓 졸업한 전도사였던 필자가 '성서를 보는 눈' 이라는 주제로 특강을 하게 되었습니다. 당시 필자는 노동목회를 구상하면서 준비 미흡과 훈련부족으로 고민하던 중이었습니다. 그런데 이 강의를 들은 이우영 집사께서 부친이신 이해천 장로님에게 필자를 소개하였고, 이것이 인연이 되어 필자는 본 교회의 담임목회자로 부임하는 은혜를 입게 된 것입니다.

JPIC대회가 가져다준 환경선교의 관심과 실천

부임했을 때 우리 교회는 교인 130여 명과 장로 3명이 시무하는 조직교회였습니다. 우선 교우들과 지역민들을 대상으로 설문조사를 하였습니다. 그 결과 교우들은 교회를 위해서는 예배당 400석을 채우고 싶어 했고, 가정을 위해서는 사고 없이 광부생활을 열심히 하여 종자돈이 마련되면 광산을 떠나겠다는 생각들을 하고 있었습니다. 반면 지역민들은 자녀들의 공부방 문제 등, 교육과 주거환경이 좋지 않았기에 교회가 독서실을 운영해 주기를 원하고 있었습니다. 그래서 교회는 한편으로 전도 프로그램을 운영하며 교세확장에 힘썼고, 교우들을 위해서는 심방 프로그램과 치유 프로그램을 적극적으로 운영하였습니다. 그리고 교회창립 30주년이 되던 해에는 중장기적인 계획 속에 한성광업소 복지관을 구입하여 사회봉사관이라 명명하고, 교회의 표어를 "하나님과 이웃을 사랑하는 교회"로 정하고 사회선교를 선언하였습니다. 또한 교우들에게는 하나님의 요청, 시대적 요청, 지역적 요청에 성경적 응답을 할 수 있도록 설교와 교육, 훈련프로그램 등을 통해 사회선교에 대한 의식고취와, 사회선교 프로그램 준비 및 참여를 독려하였습니다. 그 결과 교회는 매월 마지막 주일을 선한사마리아인 주일로 지키며 교우 한사람이 1봉사 1선교현장에 참여토록 하였고, 지역민들을 위해서는 독서실을 운영하게 되었습니다.

그 후 1990년, 나는 서울에서 개최된 JPIC 대회(주제: 정의와 평화 그리고 창조질서의 보전)에 옵서버로 참석하게 되었고, 21세기의 중요한 선교적 과제는 환경선교임을 인식하게 되었습니다. 더욱이 마침 지역에서는 석탄합리화 사업으로 인해 대규모 폐광 및 이에 따른 급격한 인구감소로 지역민들의 생존권 문제가 대두되었습니다. 그런데 이런 문제의 해결을 위해 논의하고 여론을 수렴해 가던 중, 지역민들 내에서는 태백산을 리조트 단지로 건설해야 한다는 목소리가 봇물처럼 터져 나왔습니다. 석탄생산 과정에서 이미 돌이킬 수 없을 만큼 환경이 심각하게 파괴되었는데 또다시 태백산을 개발한다니, 나는 이것은 아니다 싶어 한국교회환경연구소 김영락 소장에게 자문을 구하였습니다. 그 결과 뜻을 같이하는 지역교회 지도자들과 함께 1994년 10월1일, 광산지역 기독교 환경연구소를 개소하였으며, 이때부터 황지중앙교회는 환경선교 혹은 녹색교회로 가기위한 발걸음을 시작하였습니다.

우선은 기회가 있을 때마다 설교나 강의를 통해 환경의식 고취와 환경선교에 동참하도록 호소 및 설득했고, 환경연구소를 후원하기 위하여 월 1회의 헌금을 실시하였습니다. 또 교회 내에 환경선교단을 조직하여 사회봉사관에서는 녹색가게를 운영하고, 월 1회 황지연못에서는 아나바다 장터를 열었습니다. 교회 담장을 헐고 그 자리에 나무를 심어 교회 주변을 녹화하고 교회 마당의 콘크리트를 걷어내고 흙을 깔았으며, 사회봉사관 옥상에는 텃밭을 만들어 교우들로 하여금 채소를 가꾸어 주일 공동체 식사나 살림터 먹거리 준비에 도움을 주었습니다. 또한 기독교 환경운동연대가 지도하고 광산지역 환경연구소가 진행하는 생명밥상 운동, 절전운동, 물 사랑 캠페인에 참여하고, 광산지역환경연구소와 함께 지역의 환경현안들을 해결하기 위한 노력에 동참하였습니다.

녹색교회를 향한 생명목회 사역

우리교회가 하고 있는 대표적 생명목회프로그램은 이렇습니다. 첫째는 교육과 훈련입니다. 환경선교단을 중심으로 환경보전의식 고취와 운동 참여를 위하여, 처음에는 기독교환경운동연대에서 진행하는 통신강좌에 참여하여 담임목사 지도하에 공부하였습니다. 환경선교 혹은 녹색교회를 위해서는 교육과 훈련이 지속되어야 한다고 생각하여 지금도 설교시간에 환경을 예로 들 경우가 많습니다. 특히 개인적으로, 혹은 가정이나 교회에서 환경보전을 어떻게 실천할 것인가를 주제로, 매월 마지막 주일의 설교나 강의를 통해 교육하고 훈련하며, 때론 쓰레기 매립장 같은 지역의 환경현안 현장을 견학하기도 합니다.

둘째는 기독교환경운동연대와 광산지역환경연구소의 협력으로 진행하는 생명밥상운동입니다. 교회는 매 주일 공동체 식사 때 친 환경적인 식자재로 음식을 준비하고, 음식물 쓰레기 줄이기와 재활용 등에 적극적으로 동참하고 있으며, 이를 각 가정에서도 실천하도록 독려하고 있습니다.

셋째는 아나바다 운동입니다. 환경연구소의 지도하에 환경선교단을 중심으로 사회봉사관에 녹색가게를 운영하며, 초기에는 유기농산물, 헌옷 및 환경 재활용품 등을 중심으로 판매하였습니다. 그러나 최근에는 대형마트에서도 유기농산물을 판매하고, 헌옷 수거 및 나누기는 여성단체에서 주로 하고 있기에, 요즘은 황지연못에서 월1회 아나바다 나눔장터를 운영하는 일에 주력하고 있습니다. 녹색가게는 현재 기독교환경운동연대의 도움으로 '초록가게'로 전환하고, 새로운 진로를 모색 하고 있습니다(초록가게 네트워크에의 참여나 혹은 협동조합으로의 전환 등).

넷째는 대안에너지 운동을 준비하여 진행하는 것입니다. 지금까지는 교회에서 절전을 강조하고 이를 실천하는 일에 힘써 왔습니다. 그러나 이번에 지자체와 에너지관리공단의 지원으로 사회봉사관 옥상에 태양광 발전기를 설치한 것을 계기로 앞으로는 대안에너지 운동에 더욱 관심을 갖고 참여하고자 합니다.

다섯째는 환경단체와의 연대활동입니다. 지금은 거버넌스 시대입니다. 교회나 시민사회단체가 함께 지역의 문제를 풀어가야 합니다. 그런 측면에서 본 교회의 환경선교단은 광산지역환경연구소

아나바다 장터

및 지역의 여러 단체들과 함께, 환경보전 의식 고취와 실천을 위한 연대활동에 적극적으로 참여하고 있습니다.

하나님이 '좋다'하실 때까지 해야 할 일

녹색교회로 서기 위해서는 우선 목회자의 의지가 중요하다고 생각합니다. 목회자가 생태적 마인드를 가지게 되면 교우들도 생태적 마인드를 갖게 됩니다. 황지중앙교회도 담임목사가 광산지역 환경연구소 소장으로 활동하고 있기에 교우들이 환경선교에 동참하고 있다고 봅니다. 특히 우리교회가 환경단체와 연대하여 지역의 환경현안에 함께 기도하고 목소리를 내며, 때론 여론을 만들어가고 그 여론을 대변하고 있다는 것은 큰 의미가 있다고 생각합니다.

비록 큰 활동은 못하지만, 그래도 지역에서 환경보전 활동하는 교회하면 황지중앙교회라고 인정받고 있으며, 오늘도 우리 교우들은 환경보전을 위해 생활 속에서 작은 일 하나라도 실천하여 지구생명공동체를 세워가는 일에 함께하고 있습니다. 아직도 녹색교회로 많이 부족하고 미흡한 점이 많지만, 늘 기도하면서 실천하는데 최선을 다 할 것을 다시 한 번 다짐해 봅니다. 하나님이 보시기에 좋았더라 하실 때까지….

2부

생명목회와 생명선교

생태 교회론의 모델 _전현식
도농(都農) 협력선교를 통한 나눔과 섬김의 생명목회 _강성열
생명목회와 생명선교를 위한 성서적 생명 이해 _배현주
모든 생명공동체를 아끼시며 돌보시는 농부 하나님 _정경호
생명의 위기와 교회의 과제 _정원범
테크놀로지, 환경, 윤리에 대한 단상 _고재길
생명공동체를 세워온 녹색교회 이야기 _유미호

생태 교회론의 모델*

전현식**

생태해방공동체

생태 교회론의 첫 번째 모델은 생태해방공동체입니다. 해방이란 억압과 착취로부터 자유를 얻기 위한 투쟁을 의미합니다. 해방신학은 "인간역사를 통해 활동하시는 해방자 하나님," "하나님의 가난한 자에 대한 우선적 선택," "가난한 자의 인식론적 특권," "가난한 자와의 연대"를 주장함으로써 가난한 자의 해방을 신학의 핵심으로 삼습니다. 해방신학의 이런 특징은 해방공동체로서의 교회

* 이글은 조직신학회에서 엮은 『교회론』(대한기독교서회, 2009)에 실린 전현식의 글 "생태 교회론의 모델"을 다시 게재한 것입니다. 옮기는 과정에서 각주를 생략하였음을 밝혀둡니다.

** 연세대학교 교수. (사)한국교회환경연구소 소장

를 적극적으로 지지합니다. 해방공동체로서의 교회의 기원은 이스라엘 백성의 출애굽 공동체로 거슬러 올라갑니다.

필자는 해방신학의 특징 및 방법론으로부터 해방 교회론을 구성하는데 도움을 받습니다. 해방공동체로서 교회는 억압된 자들의 고통의 상황을 인식하고, 이런 부정의한 상황을 악으로 규정하며, 이 땅 위에서 하나님 나라의 비전을 성취하기 위해 하나님의 뜻에 어긋나는 죄적인 억압상황을 변화시키려는 사회 정치적 노력을 수행합니다. 해방공동체는 인간실존의 사회적 본성을 직시하여, 인간은 개별적으로 존재하는 것이 아니라, 타자와의 관계성 안에서 존재하는 사회적 존재임을 인정하고 죄의 사회적 차원을 강조합니다. 하나님의 은총은 개인적 죄의 용서뿐 만 아니라, 불의한 사회정치구조를 변형시킵니다. 그러므로 교회의 사명은 개인(영혼)구원을 넘어, 부정의한 사회구조를 변혁시켜 억압된 자들을 해방시키는 데 있습니다.

그러나 출애굽 공동체는 여성이 배제된 남성중심 공동체입니다. 출애굽 공동체의 해방에 가부장제로부터 여성의 해방은 포함되지 않습니다. 이스라엘 남성공동체는 하나님께 나아가기 위해 여성을 가까이 해서는 안 됩니다(출 19:10-15). 여성은 필요하지만 불결한 존재로서 이스라엘 공동체 안에서 이방인입니다. 여성은 거룩한 하나님, 거룩한 백성, 거룩한 장소로부터 거리를 두어야 합니다. 출애굽 공동체뿐만 아니라 남미 해방신학 및 흑인신학 공동체도 가부장제와 남성가장을 정당화하므로, 가부장제로부터의 여성의 해방을 간과합니다. 따라서 이들도 여성이 배제된 남성중심공동체입니다. 해방공동체로서의 교회는 어떻게 여성뿐만 아니라 억압된 자들을 하나님의 백성 안에 포함시킬 수 있을까요? 생태 교회는 남성중심의 출애굽 해방공동체를 포괄적인 생태해방공동체로 재구성합니다. 생태해방공동체인 교회는 억업된 상황을 죄로 인정하고, 억압과 저항의 다층성과 복합성을 사회정치적 생태적으로 분석하여, 다양한 해방 신학들(여성, 라틴아메리카, 흑인, 히스패닉, 우머니스트, 게이, 아프리카, 아시아, 종교, 생태신학 등)의 신학적 재구성을 포용해야 합니다. 생태해방공동체의 추진력은 하나님 나라의 비전(눅 4:16-21)에 있습니다. 하나님 나라를 선포하신 예수 그리스도는 해방자입니다. "해방은 하나님 나라의 궁극적 구원을 기대하는 것이다." 그러므로 해방을 통해 구원은 이미 시작되고 있습니다. 이런 의미에서 해방은 구원의 부분입니다. 사회정치적 해방을 통해 새 하늘과 새 땅의 구원은 여기서 이미 시작되고 궁극적으로 성취되는 것입니다. 다음에서 해방의 생태적 차원에 초점을 맞춰 창조세계의 번영이 생태적 교회의 사명임을 알아봅니다.

하나님의 집

기독교공동체는 집안에서 시작되었습니다. 예수는 자신을 따르는 자들을 자기 집에 초대하여 빵과 포도주를 나누면서 상호간에 그리고 하나님과 친교를 나눴습니다. 집에 모여 친교를 함께 나눈 사람들이 교회를 형성하게 되었습니다. 성서는 이들을 하나님의 집의 구성원으로, 사람들의 모임인 교회를 하나님이 거하시는 장소라고 말합니다(엡 2:19-22). 하나님의 집으로서 교회의 은유는 생태 교회론의 구성에 많은 점을 시사합니다. 집을 의미하는 그리스어 "오이코스(oikos)"는 세계성(세계교회운동, ecumenicity, ecumenics), 경제학(economic), 그리고 생태학(ecology)의 어원이 됩니다. 그러므로 하나님의 집이란 생태학과 세계성, 그리고 경제학을 함께 연결시키는 중요한 은유가 됩니다. 하나님의 집으로서의 교회는 생태적, 세계적(ecumenical), 경제적이어야 함을 의미합니다.

"하나님의 집" 은유는 해방공동체를 세계적, 경제적, 생태적 차원으로 확장시킵니다. 예들 들어, 이 은유는 해방신학의 특징인 "가난한 자의 우선적 선택"을 "생명에 대한 우선적 선택(a preferential option for life)"으로 확장하도록 요청합니다. 교회의 임무는 개인구원과 사회구원(사회정의)을 넘어 하나님의 창조세계의 번영(생태)에 있습니다. 필자는 하나님의 집의 은유 안에서 생태 교회론을 생태적 청지기, 생태정의, 생태경제의 세 가지 모델을 통해 구체적으로 알아봅니다. 이 모델들은 일반적으로 하나님이 인간과 창조세계와 맺으신 계약관계에 초점을 맞추는 기독교의 계약 전통 안에서 논의됩니다.

첫째, 하나님의 집으로서 교회는 청지기적 책임(stewardship)을 수행합니다. 창2:8, 2:15에 보면, 하나님은 인간에게 창조세계를 보존하고 돌보라는 청지기적 책임을 맡기셨습니다. 그러므로 자연에 대한 인간의 특권은 지배하는 권위가 아니라 하나님께서 유한한 인간에게 위임한 청지기적 책임, 즉 창조세계의 질서를 준수하는 책임을 의미합니다. 따라서 청지기직의 남용은 하나님의 진노와 심판을 가져옵니다. 일부 생태학자들은 청지기적 모델이 여전히 인간을 자연의 통치자로 보는 인간중심주의를 내포하고 있다고 비판합니다. 그러나 성서적 세계관은 창조와 구원, 자연과 역사, 자연과 인간을 이원론적으로 보지 않습니다.

생태적 청지기 신앙은 성서의 하나님을 역사(시간)와 자연(공간) 안에 현존하는 살아계신 실재로 고백합니다. 성서는 창조를 구원과 역사의 영역에서 배제하여 인간구원의 배경 및 도구로 보지 않습니다. 왜냐하면 하나님은 모든 만물을 지으신 "창조의 하나님"인 동시에 이스라엘 민족을 이집트의 노예상태로부터 구해내신 "구원의 하나님"이시기 때문입니다. 하나님은 인간의 매개 없이 창조세계와 직접 관계하십니다. 하나님은 창조세계를 축복하시며, 창조세계는 하나님의 즐거움에 응답합니다. 하나님과 창조세계의 상호인격적 관계는 자연이 영으로 가득 찬 살아있는 생명이라는 사실을 강하게 증거합니다. 창조세계는 하나님과 관계하는 피조물들의 공동체입니다. 이것은 바로 하나님의 계약 안에 인간뿐 아니라 창조세계 전체가 포함되어 있음을 강조합니다. 하나님의 첫 계약은 노아와 그 자손뿐 아니라, 모든 피조물과 함께 맺은 것입니다. 하나님은 무지개를 통해 창조세계를 홍수로 멸하지 않겠다고 약속하셨습니다(창 9:8-10). 다시 말해 하나님의 창조와 구원 사역 안에 인간뿐 아니라, 피조물 전체가 포함되어 있음을 분명히 증언하고 있습니다. 생태 교회론은 자연에 대한 인간의 청지기적 책임을 하나님과 인간의 계약 안에서만이 아니라, 하나님과 창조세계의 인격적 관계 안에서 재해석합니다. 필자는 전자를 인간중심적 청지기(자연에 대한 인간의 통치 및 관리에 초점)로, 후자를 생태적 청지기(자연에 대한 인간의 돌봄 및 양육, 봉사에 초점)로 부른다. 성서에서 말하는 청지기는 인간중심적이 아니라 생태적입니다. 청지기 교회는 창조세계의 질서 안에서 하나님의 모든 피조물이 풍성한 삶을 누리도록 그들을 돌보고 섬기라는 사명을 부여받습니다.

둘째, 하나님의 집은 생태정의(ecojustice)를 실현하는 교회입니다. 성서는 하나님의 집안에서 인간과 창조의 번영은 상호의존되어 있다는 "생태정의"의 비전을 잘 보여줍니다. 성서의 안식일 법전(안식일, 안식년, 희년)은 사람과 동물의 휴식, 땅의 회복, 가난한 자와 야생동물의 보호, 땅과 노예의 해방을 통해 인간과 인간, 인간과 창조세계 사이의 파괴적 관계를 상호 유기적 관계로 주기적으로 회복시키는 생태정의의 윤리를 잘 보여주고 있습니다. 생태정의는 생태문제와 사회문제, 생태보존과 경제개발, 생태와 정의는 상호연결 되어 있음을 강조합니다. 생태정의 교회의 사명은 분배정의와 지속가능성을 실현하는 것입니다.

셋째, 하나님의 집으로서 교회의 세 번째 모델은 생태경제교회입니다. 생태경제교회란 생태경제학을 지지하는 교회를 말합니다. 집안규칙을 뜻하는 경제학이란 그 집안에 있는 모든 구성원들의 복지를 실현하기 위해 사회경제체제를 조정하는 것을 의미합니다. 따라서 경제학의 본질은 돈에 관한 것이 아니라, 부족한 지구자원을 분배하는 것에 있습니다. 그러나 소비 중심적 자본주의 경제는 경제학, 생태학, 세계성의 상호연결성을 부정하여, 부족한 자원의 분배와 지구의 지속가능성에 대한 관심이 없습니다. 왜냐하면 시장자본주의란 부족한 자원의 공평한 분배에 관한 경제이론이 아니라, 돈의 지불에 따라 부족한 자원을 획득하는 경제이론이기 때문입니다.

성육신

이제 만물이 하나님의 임재의 표지임을 강조하는 기독교 성례전 전통의 관점에서 성육신 교회의 모델을 몸주체와 그리스도의 몸, 하나님의 몸을 통해 살펴봅니다. 성육신(成肉身, incarnation)이란 체현(embodiment), 즉 '육신을 입었다' 또는 '육신이 되었다'는 뜻입니다. 우리도 몸을 지니고 있기에 성육신된 존재입니다. 성육신이란 인간뿐만 아니라 모든 피조물이 유한한 몸적 존재임을 강조하면서, 모든 몸적 피조물 안에 하나님의 직접적 임재와 창조의 선성을 확인합니다.

첫째, 성육신 교회는 모든 인간이 몸주체(bodyself)임을 확인합니다. 우리의 경험과 이해는 우리가 어떤 몸을 가지고 있느냐에 달려있습니다. 우리가 이 세상을 살아가는 것은 체현된 상호관계를 통해서며, 이 세상을 이해하고 행동하는 것은 우리의 몸을 통해서입니다. 우리의 개념화와 추론은 우리의 성육신, 즉 육체적 지향, 조정 및 운동에 기초해 있습니다. 우리는 몸이 경험하도록 허락하는 것만을 경험합니다. 메를로-퐁티는 몸주체 혹은 체현된 의식(embodied consciousness)이라는 개념을 통해 우리가 성육신된 존재임을 지각의 현상 안에서 분명히 밝혀줍니다. 의식과 몸의 지향성의 확인을 통해, 순수의식과 순수감각이 존재할 수 없다면, 의식은 언제나 몸을 통해 사물을 향하는 체현된 의식이며, 인간주체는 몸주체(embodied subject)입니다. 몸으로부터 벗어난 선험적 의식으로서 인간 주체는 존재하지 않습니다. 몸과 독립된 투명한 선험적 의식(데카르트의 'cogito')이 나의 존재를 보장하는 것이 아니라, 세계와 관계를 맺는 나의 몸이 나의 존재를 보장합니다. 몸주체, 체현된 의식으로서의 인간은 정신과 몸으로 이루어진 온전한, 상호의존적, 유한한 자아입니다. 몸주체는 서구문화에 뿌리 깊게 내려온 인간과 자연, 정신과 몸, 주체와 객체, 역사와 자연의 이원론을 근원적으로 비판합니다. 또한 몸주체는 현대교회의 문제점인 개인주의, 사유화, 내세주의, 관료주의 및 장식주의를 극복하는데 도움을 줍니다.

둘째, 성육신 교회는 '하나님이 몸이 되셨다'는 성육신 신앙(요 1:14)에 근거합니다. 이 성서구절은 성육신의 기독론적 의미를 강조합니다. 하나님은 세상을 초월한 영적 존재로 홀로 존재하는 것이 아니라, 예수 그리스도의 몸으로 이 세상에 직접 오셔서 이 세상을 구원하십니다(요 3:16). 교회의 역할은 이 세상 안에 "하나님의 그리스도적 현존과 활동"을 '체현'하는 데 있습니다. 즉, 이 세상 안에 예수 그리스도의 몸으로 직접 오셔서 구원의 활동을 펼치시는 하나님을 직접 우리의 몸으로 체험하고 그 하나님에 대한 살아있는 체험을' 구체적인 삶 안에서 몸으로 실천(체현)하는 것을 말합니다. 성육신 신앙은 우리가 예수를 그리스도로 고백하는 것을 넘어, 역사과 자연 안에 오신 하나님(예수 그리스도)의 생태 해방적 사랑을 몸으로 실천하는 것입니다. 교회의 전통적 은유인 그리스도의 몸의 이미지가 교회 구성원들의 통일성, 다양성 및 상호의존을 이해하는데 도움을 주지만, 인간중심적, 남성중심적, 기독교 중심적인 한계를 지니고 있습니다. 그리스도의 몸으로서 교회는 여성, 이방인과 자연을 포함할 수 있도록 확장되어야 합니다. 성육신 교회의 사명은 몸이 되신 하나님, 즉 예수 그리스도의 삶과 죽음과 부활을 체현하는 것입니다. 여기서 성육신(체현)이란 기독교인과 인간에게만 적용되는 것이 아니라, 모든 만물에 적용됩니다.

하나님의 몸

성육신은 그리스도의 몸인 교회의 기독교 중심적, 인간중심적 한계를 지적하면서, 하나님의 몸으로서 교회를 제시합니다. 인간뿐만 아니라, 하나님의 창조세계 안에 있는 모든 피조물은 성육신된 존재입니다. 성육신 신앙은 이 땅에 예수의 몸으로 직접 오신 하나님의 해방적 사랑을 강조합니다. 하나님은 어떻게 이 세상에 오셔서 해방적 사랑을 구체적으로 보여주실까요? 기독교 신학은 하나님과 세계의 관계모델을 네 가지(이신론적, 대화적, 군주적, 행위자 모델)로 제시합니다. 네 가지 모델은 이 세상에 대한 하나님의 내재보다는 초월을, 사랑보다는 능력을, 돌봄보다는 통치를 강조합니다. 따라서 이신론적, 대화적. 군주적 모델은 위에서 보여준 하나님과 창조세계 사이의 인격적 관계를 잘 반영하지 못합니다. 네 번째 모델인 행위자 모델은 하나님과 창조세계 사이의 인격적 관계를 나타내지만, 하나님의 창조세계에 대한 구체적 임재와 사랑을 표현하는데 한계를 갖고 있습니다. 그렇다면 어떤 모델이 이 세상에 대한 하나님의 헌신적 사랑과 참여를 보여줄 수 있을까요?

성육신 신앙의 생태적 이해는 예수 그리스도의 몸뿐만 아니라, 창조세계의 몸 안에 하나님의 직접적 임재를 확인합니다. 즉 창조세계를 하나님의 몸으로 고백하는 것입니다. 이런 고백은 하나님과 창조세계의 이원론과 범신론을 거부하면서, 하나님(영)과 창조세계(몸)의 유기적 상호관계를 강조합니다. 하나님은 영인 동시에 몸입니다. 세계는 하나님 안에, 하나님은 세계 안에 현존하지만, 세계는 하나님과 동일하지 않습니다. 나의 몸이 나와 동일한 것은 아니지만, 내가 나의 몸과 본질적으로 연결되어 있고 나의 몸을 돌보듯이, 하나님은 자신의 몸인 세계와 동일하지는 않지만, 자신의 몸 안에 임재하여 자신의 몸인 창조세계를 돌보고 생명의 힘을 부여하십니다. 창조세계는 하나님의 영이 거하시는 하나님의 몸입니다. 이제 하나님의 몸으로서 교회의 생태적 의미를 알아봅니다.

첫째, 하나님의 몸으로서 교회는 창조(물질)세계의 선성과 피조물의 내재적 가치를 인정합니다. 교회는 하나님께서 지으신 창조세계가 하나님께서 보시기에 "참 좋았다"라는 선한 창조의 신앙을 고백해야합니다(창 1장). 하나님은 창조세계 안에 있는 모든 피조물이 다양하게 상호의존 되어 살아가는 조화롭고 아름다운 모습을 보시고 심히 기뻐하시고 축복하십니다. 하나님께서 지으신 창조세계가 선하며, 그 창조세계 안에 하나님이 몸으로 직접 임재하신다면, 그 창조세계와 그 안에 살아가는 모든 몸적 피조물은 인간의 이익과 목적에 관계없이 그 자체로 내재적 가치를 지닙니다.

둘째, 하나님의 몸인 교회는 창조세계의 거룩함(신성함)을 인정합니다. 하나님의 영이 살아 숨 쉬는 창조세계는 거룩하고 신성합니다. 만물의 선성과 내재적 가치의 인정은 자연에 대한 도구적, 공리주의적, 탈신성화된 견해를 거부하면서 창조세계의 거룩함을 확인시켜준다. 피조물의 선성, 내재적 가치 및 거룩함의 고백은 피조물을 인식이나 설명의 대상으로 보는 것이 아니라, 피조물을 존중하고 사랑해야 함을 의미합니다. 피조물을 사랑한다는 것은 그 생명의 고통과 기쁨을 함께 경험하고 나눔을 의미합니다. 교회의 고전적 표지중의 하나인 교회의 거룩성의 기초는 바로 친교(코이노니아)에 있습니다. 친교란 인간들 사이의 연합만이 아니라, 하나님의 몸 안에 있는 모든 피조물들과 연대하여 그들의 고통과 기쁨을 함께 나눔으로써, 창조세계에 대한 하나님의 해방적 사랑에 참여하는 것을 의미합니다. 하나님의 몸 안에서 모든 생명들의 코이노니아를 통해 교회는 거룩한 공동체가 됩니다.

셋째, 하나님의 몸인 교회는 성만찬의 밥상공동체입니다. 친교의 본질인 연대와 나눔, 참여와 헌신이 가장 분명하게 체현되는 곳이 바로 밥상공동체입니다. 여기서 밥상의 진정한 의미는 예수의 대속적 죽음을 기억하기 위해 "사제가 성별한 빵과 포도주의 성만찬"이기보다는 예수의 목회에서 드러난 "빵과 물고기의 평등주의적 식사"입니다. 예수의 큰 잔치의 비유(마태 22:1-13)는 성, 인종, 계급의 경계를 넘어 아무나 초대받는 평등주의적 식사의 표본입니다. 교회는 특별히 이 세상에서 버림받은 가난한 몸들을 초대하는 개방된 밥상공동체입니다. 생태계 위기의 상황에서 가장 가난한 몸은 훼손된 창조세계인 하나님의 몸입니다. 창조세계는 분배정의와 지속가능성이 실현되어야하는 하나님의 거룩한 몸입니다. 하나님의 몸인 교회는 창조세계의 먹이사슬을 "피로 물든 이빨과 발톱"의 이미지에서 분명히 드러나는 "약육강식의 잔인한 자연"으로 보는 것이 아니라, "서로 주고받는 선물교환의 특성"을 축하하는 거룩한 성례전적 공동체로 봅니다. 교회는 모든 피조물이 자신의 기본적 필요를 공평하게 나누도록 초대받는 개방된 밥상 공동체이며, 더 나아가 "서로 먹는 것"을 적자생존이 아니라 위대한 사랑의 행위로 이해하는 거룩한 성례전적 공동체입니다.

도농(都農) 협력선교를 통한 나눔과 섬김의 생명목회

강성열*

창조신학의 눈으로 보는 생명 위기

창세기 1장의 창조 기사에 의하면, 생명을 가진 피조물들은 궁극적으로 세 가지 단계를 거쳐서 만들어집니다. 식물의 창조와 동물의 창조 및 인간 창조 등의 단계들이 그렇습니다. 가장 먼저 창조된 생명체는 식물입니다. 창조의 셋째 날에 땅과 바다의 분리가 이루어지자, 하나님은 그 땅에게 온갖 식물을 내라고 명하셨고(1:11), 그 땅은 하나님의 명령을 따라 온갖 식물을 생산해 냈습니다(1:12). 이로써 하나님께서 창조하신 온갖 식물은 생명의 터전인 땅에 그

* 호남신학대학교 교수. 농어촌선교연구소 소장

뿌리를 둠으로써 땅과 유기체적인 관계를 맺게 되며, 식물들 서로 간에도 생명을 함께 나누는 유기체적인 관계가 형성된 것입니다.

그런데 식물과 관련된 하나님의 창조 질서는 이것으로 끝나지 않습니다. 하나님은 마지막 날에 인간을 창조하신 후에 그에게 복을 주시되, 땅에서 생겨난 모든 채소와 모든 나무를 양식으로 주셨습니다(1:30). 이것은 인간이 생명의 터전인 땅과 유기체적인 관계를 가지고 있음을 의미합니다. 이 점은 동물의 경우에도 예외가 아닙니다. 하나님은 땅에게 생물을 그 종류대로 내되, 가축과 기는 것과 땅의 짐승을 종류대로 내라고 명하시며(1:24), 땅의 모든 짐승과 하늘의 모든 새와 생명이 있어 땅에 기는 모든 것에게 푸른 풀을 양식으로 주십니다(1:31). 동물에게 주어진 이러한 식량의 복 역시 모든 동물들이 식물 생산의 터전인 땅과 유기체적인 관계를 가지고 있음을 의미합니다. 이렇듯이 하나님은 생명을 가진 모든 피조물들이 서로 간에 유기체적인 관계 속에 있도록 창조하셨습니다. 그리고 그러한 유기체적인 관계는 하나님께서 보시기에 정말 좋은 것이었습니다(1:12, 31).

그러나 오늘날 우리가 처해 있는 현실은 불행하게도 그렇지 못합니다. 식물과 동물 및 인간 사이에 하나님의 생명을 나누어야 할 유기체적인 관계가 너무도 많이 훼손되어 있는 것입니다. 왜 그러합니까? 어디에 원인이 있습니까? 그 가장 중요한 원인은 21세기 지구 공동체의 최고 현안들 중 하나인 환경오염 내지는 생태계의 위기와 관련되어 있습니다. 그런데 공교롭게도 이 원인은 인류의 삶에 무한한 진보와 발전을 약속했고, 그 약속을 실현시킬 수 있다고 자신하는 과학기술 문명과 불가분의 관계를 가지고 있습니다. 결국 인간의 삶과 생명을 보다 풍요롭게 만들겠다고 다짐하던 과학기술 문명에 의하여 창조 질서의 기초를 이루는 생태계의 유기체적인 관계가 깨뜨려진 것입니다.

생명의 위기에서 생명 살리기로

이러한 위기 상황에서 한국교회가 해야 할 일은 무엇입니까? 그것은 곧 한국교회가 이제까지의 외형적인 성장과 양적 부흥에 경도된 성장제일주의 내지는 양적 팽창주의 목회 패러다임을 수정하여 하나님께서 주신 생명을 살리는 데 몰입하는, 이른바 생명살리기의 목회 패러다임을 새롭게 확립해야 한다는 점입니다. 그리고 "각자 따로"의 특징을 갖는 이제까지의 개교회주의 및 교파중심주의를 벗어나 "서로 함께"를 지향하는 초교파주의 내지는 에큐메니즘에 기초하여 생명살리기에 목회 에너지를 집중시키는, 이른바 생명목회의 거대한 물줄기를 만드는 일 역시 대단히 중요한 의미를 갖습니다.

그럼으로써 한국교회는 성도들 개개인을 환맹(環盲)의 상태에서 벗어나 환경 지킴이로 양성해야 하며, 더 나아가서는 그들을 생맹(生盲)의 상태에서 벗어나 하나님의 생명을 지키는 생명 살림이(Homo ecologicus)로 키워야 합니다. 그리하여 마침내는 생명의 기본적인 존재 원리, 곧 모든 생명이 상호의존적 관계 속에서 적절한 조화와 균형을 유지하는 가운데 서로를 먹이고 살리게끔 하는 공생(共生)과 상생(相生)의 패러다임을 구현하는 새로운 모습을 세상 사람들에게 보여줄 수 있어야 합니다.

농어촌교회를 껴안는 생명목회

생명목회의 새로운 패러다임은 큰 교회와 작은 교회, 그리고 궁극적으로는 도시교회와 농어촌교회의 협력과 연대에 기초하지 않으면 안 됩니다. 기존의 성장제일주의 패러다임이 한국교회를 이러한 두 가지 유형의 교회들로 분할시킴으로써 그들 사이에 계층적 양극화를 초래하였지만, 거대한 물줄기를 이루어야 할 생명목회의 패러다임은 그러한 분할과 구분 및 양극화를 극복하고서 도시교회와 농어촌교회가 힘을 합하여 하나님의 귀한 생명을 지키는 데 앞장설 수 있게 해야 합니다.

주지하는 바와 같이, 하나님의 창조세계 대부분은 힘없고 약한 농어촌교회가 사역하는 농어촌 지역에 있습니다. 한국교회가 지키고 보존해야 할 산과 강과 바다와 나무와 숲과 온갖 동물 등은 거의 대부분이 농어촌교회가 충분히 섬기기 어려운 시골 지역에 있다는 얘기입니다. 그 뿐이 아닙니다. 하나님의 생명을 껴안고 있는 농어촌 지역과 교회가 다양한 생명 파괴의 현실 속에서 얼마나 힘겨운 싸움을 하고 있는지는 누구나 다 아는 사실입니다. 이를테면 때때로 발생하는 농수축산물의 과잉공급과 가격폭락, 농가부채의 증가 등으로 농촌경제가 붕괴되고, 이농으로 인한 인구 감소와 노령화 현상, 농약과 화학비료 및 농업용 비닐과 축산 폐기물로 인한 환경 오염 등 농어촌 사회는 지속적으로 위기를 겪고 있습니다. 무엇보다도 유전자 변형 농작물과 각종 수입 농산물이 우리의 식탁과 건강 및 생명을 위협하고 있는 이때에, 건강한 우리 농산물을 생산해야 할 농어촌 지역마저 무너진다면 생명공동체로서의 교회의 본질과 역할 자체도 큰 위기에 직면하지 않을 수 없을 것입니다.

참으로 지금 농어촌과 농어촌교회가 겪는 위기는 그들만의 것이 아닙니다. 농어촌교회와 도시교회가 생명살리기에 초점을 맞춘 생명목회를 온전하게 하려면 마땅히 도시와 농어촌이 둘이 아닌 하나 되는 공동체성을 회복해야 합니다. 농어촌교회와 도시교회가 공존-상생하는 것이야말로 한국교회를 살리는 초석입니다. 이를 위해서는 먼저 도시교회들이 한국교회의 모태라 할 농어촌 지역과 교회를 향한 목회적 돌봄과 관심을 넘어서서, 도시와 농어촌이 하나님의 생명공동체 안에서 하나 되는 길을 찾아야 합니다. 그리고 궁극적으로는 농어촌교회가 생명을 살리는 하나님의 사역에 동참하는 생명목회의 전초기지가 되게 하는 데 최선을 다해야 합니다. 그리하여 마침내는 도시교회와 농어촌교회 사이에 존재하는 현저한 불균형이 "골짜기마다 돋우어지며 산마다 언덕마다 낮아지며 고르지 아니한 곳이 평탄하게 되며 험한 곳이 평지가 되게"(사 40:4; 눅 3:5; 참조. 약 2:15-17)하는 하나님 나라의 이상에 부합되는 것으로 바뀌어야 합니다.

생명목회의 실천을 위한 구체적인 방안들

그렇다면 농어촌교회와 도시교회는 어떠한 방법을 통하여 동일한 하나님 나라 공동체의 지체로서 생명목회의 거대한 물줄기를 만들어내는 일에 동역자가 될 수 있을까요? 그리고 어떻게 하면 농어촌교회와 도시교회는 서로 짐을 짐으로써 그리스도의 법을 성취(갈 6:2)할 수 있겠습니까? 이를 위해 가장 먼저 필요한 것은 오늘의 생명 위기의 주된 원인이 생명에 대한 무지나 이해 부족에 기인하다는 사실을 통찰하는 일입니다. 그리고 그러한 통찰에 기초하여 교육을 통한 의식의 각성과 전환에 힘을 쏟는 일이 매우 중요한 의미를 가집니다.

첫째로 농어촌교회와 도시교회는 생명 나눔의 차원에서 자매결연 관계를 맺고, 그에 기초하여 공동으로 친환경 농수산물 직거래 장터를 개설하는 데 힘써야 합니다. 그리고 가능하다면 해마다 농어촌주일을 정하되, 적어도 1년에 그 날만큼은 전국의 모든 교회들이 의무적으로 친환경 농수산물 직거래 장터를 가질 수 있게 하는 것도 나름대로 의미가 있을 것입니다. 이러한 방식으로 농어촌교회와 도시교회가 이른바 농수산물 생산-소비 공동체를 이루어 유대감을 공고히 한다면 농어촌교회를 중심으로 하여 농어촌 지역의 경제가 되살아나는 기적을 이룰 수도 있으며, 더 나아가서는 생명의 기반을 이루는 건강한 농수산물을 통하여 인간과 자연 모두의 온전한 생명이 회복되는 생명 공동체가 형성될 수도 있을 것입니다.

이를 위해 농어촌교회에서는 생명의 터전인 땅을 지키고 하나님의 생명으로 충만한 자연친화적인 먹을거리 문화를 정착시키기 위해서라도, 농약과 화학비료를 사용하지 않는 친환경 농법을 철저하게 고수함으로써 자연 생태계를 아울러 지키는 폭넓은 생명목회의 기본 틀을 유지할 수 있어야 합니다. 도시교회가 농어촌 지역에서 생산된 자연친화적인 농수산물을 구입하는 것도 마찬가지입니다. 단순히 농어촌 지역과 교회를 도움으로써 농어민들의 이익 창출에 도움을 준다는 경제 논리를 벗어나, 생명 지킴이의 역할에 최선을 다하는 생명목회의 동역자가 되는 일이 본질적으로 중요한 일입니다.

둘째로 도시교회는 자매결연 관계에 있는 농어촌 지역과 교회를 자주 방문하여 하나님의 생명으로 가득한 자연의 질서와 아름다움을 배워야 합니다. 그리고 농어촌교회는 마을과 지역을 생명 살림의 보금자리로 잘 다듬고 가꿈으로써 각박한 도시 문명에 오염된 도시교회 성도들의 영성을 회복시킴과 아울러, 창조 세계의 아름다움을 통하여 메마른 심령을 순화시킬 수 있는 생태교육장을 제공할 필요가 있습니다. 농어촌교회가 가지고 있는 무한한 자원인 자연은 도시교회 성도들을 대상으로 하여 창조주 하나님의 위대하심과 생명을 포함하는 창조 세계의 신비로움을 교육시킬 수 있는 가장 훌륭한 시청각 자료가 될 것입니다.

셋째로 도시교회는 농어촌교회가 농촌 마을과 농민 전체를 목회의 대상으로 삼을 수 있도록 인적, 물적 자원을 지원하는 데 인색함이 없어야 합니다. 이를테면 농한기를 빌어 지역사회와의 연대 하에 각 지역의 특성에 맞는 적절한 노인복지 프로그램을 개발-운영하도록 돕되, 지역사회와 농민들의 노인복지 욕구를 충분히 파악함으로써 봉사와 사랑, 나눔과 섬김의 정신을 특징으로 갖는 농어촌선교의 기본 방향에 차질이 없게 해야 합니다. 아울러 다문화가정의 자녀들을 포함한 농어촌 지역의 아이들을 위해 방과 후 교실을 비롯한 다양한 사회복지 프로그램도 꾸준히 운영되도록 하되, 아이들의 인격과 주체성, 자율성, 자존심, 품위, 당당함 등이 약화되지 않게 해야 합니다.

넷째로 요즘 관심을 끌고 있는 마을 만들기 사업에도 농어촌교회와 도시교회의 상호 협력이 적극 요청됩니다. 마을 만들기는 소득중심의 마을 만들기 한계를 극복하고 지역공간을 중심으로 지역에 사는 주민들이 공동체성을 바탕으로 스스로 지역의 문제를 해결하고자 하는 다양한 활동들로 전개되고 있는 바, 이 운동의 지향점은 풀뿌리 자치운동의 실현, 지역문화의 다양성을 확보하는 운동의 실현, 경제적으로는 순환과 나눔의 공생운동의 실현에 있습니다. 농어촌교회와 도시교회는 상호 협력 관계 속에서 창조질서의 회복과 보존이라는 신학적 주제에 기초해, 그리고 노인과 경제적 약자까지 배려하는 나눔과 섬김의 기본 정신을 가지고서 마을 주민들의 적극적인 참여를 유도하는 차원의 생태마을이나 생명마을 또는 환경마을 등의 마을 만들기에 깊은 관심을 가지고 주도적으로 참여하는 노력을 기울일 필요가 있습니다.

이상의 모든 일들은 농어촌교회를 생명목회의 전진기지로 삼고, 농어촌교회를 생명목회의 동반자로 껴안고자 하는 도시교회의 특별한 각오와 결심이 없이는 불가능합니다. 그리고 궁극적으로는 농어촌교회와 도시교회의 협력과 연대를 통하여서만 하나님의 생명과 농어촌교회를 살리는 일이 가능하게 될 것이요, 심지어는 농어촌 지역을 살리는 일 -귀농과 역이주를 포함하는- 까지도 가능하게 될 것입니다. 그럴 경우 농어촌 목회는 도시교회로 진출하기 위한 디딤돌로서의 정거장 목회가 아니라, 생명목회를 위한 장기적인 꿈과 비전을 가지고서 일평생을 바칠 수 있는 정주(定住) 목회로 확고히 자리 잡을 수 있을 것입니다.

생명목회와 생명선교를 위한 성서적 "생명 이해"*

배현주**

21세기에 전지구적으로 진행되는 총체적 생명파괴의 현실 속에서 세계 교회와 한국 교회는 기독교 신앙의 의미와 과제를 '생명'이라는 관점에서 재고하고 있습니다.

I. 성서의 '생명' 이해

1. 자연적 생명

먼저 구약성서에서는 인간의 생물학적이고 유기체적인 생명에

* 출처: "생명목회와 생명선교를 위한 성서적 '생명 이해'" 부산장신대학교 생명목회와 생명선교위원회 편, 『생명목회와 생명선교 1』 (서울: 올리브나무, 2011), 17-32. / 요약 : 최병현 연구원

** 부산장신대학교 교수

관한 언급들을 찾아볼 수 있습니다. 인간은 자기가 가진 모든 것을 버리고라도 자신의 생명을 지키고자 하는 생존본능을 지니고 있습니다(욥 2:4; 전 9:4). 그러나 죽음에 대한 거부감에도 불구하고, 전반적으로 구약성서는 천수를 다한 후의 죽음은 인간에 대한 징벌이 아니라 자연적 과정이라고 이해합니다. 구약성서는 죽음 이후의 생명 혹은 죽음을 넘어서는 생명에는 별로 관심을 가지지 않고, 주로 이 땅에서 생존하면서 건강과 장수와 번영을 구가할 수 있는 현재적 생명에 관심을 집중합니다. 신약성서의 생명 개념에도 자연적 생명관이 전제되어 있습니다(고전 15:45; 고후 1:8; 빌 1:20; 계 16:3). 이 자연적 생명이 위협당할 때 생명을 구원하고 회복시키는 예수의 치유와 축귀 능력이 발휘되기도 하였습니다(막 5:23; 요 4:47; 마 9:18). 그렇지만 신구약성서의 저자들은 건강과 장수와 번영을 누리게 할 수 있는 현재적 생명의 중요성을 인정함에도 불구하고 자연적 생명의 허무함을 절감하고 있습니다(시 89:47).

2. 신앙적 생명

신약성서에서 생명은 형이상학적 원인에게로 귀속될 수 있는 객관적 현상이나 관찰 대상이 아니라, 생명의 주인이신 하나님에 대한 인간의 절대적 의존과 하나님 앞에서의 책임적 삶을 의미합니다. 신앙인은 자기 자신을 위해 사는 것이 아니라 하나님을 위해, 하나님 앞에서, 하나님을 향하여, 하나님과 함께 생명을 누리는 것입니다(롬 14:7이하, 고후 5:15; 갈 2:19). 자신을 위해 살려고 하는 자는 죄와 죽음을 위해 사는 것입니다(고후 5:15; 롬 6:2). 인간의 생명은 음식을 섭취하고 물질의 지원을 받으면서 유지되지만(마 6:11; 막 5:43; 12:44; 고전 9:13-14), 음식이나 물질이 자동적으로 생명을 보장하지는 않습니다(마 4:4). "사람의 생명이 그 소유의 넉넉한 데 있지 아니 하니라"(눅 12:15). 자연적 생명과 신앙적 생명이 항상 일치하는 것은 아닙니다. 자연적 생명력이 있는 자도 하나님과의 관계성에 기초한 신앙적 생명의 영역에서 벗어나면 죽은 자로 간주됩니다(마 8:22; 눅 15:24, 32; 요 5:21, 25; 골 2:13; 엡 2:1, 5; 5:14; 딤전 5:6; 계 3:1). 깨달음이 없고 구원받지 못한 인간은 여전히 죽음의 영역에 머물러 있습니다. "생명에 이르는 회개"는 이 신앙적 생명을 얻는 일에 중요한 전제가 됩니다(행 11:18).

3. 종말론적 생명

예수 그리스도의 생명은 성령을 통해서 현재적으로 역사합니다. "그리스도 예수 안에 있는 생명의 성령의 법이 죄와 사망의 법에서 너를 해방하였음이라"(롬 8:2). 바울에게 있어서 부활 생명은 미래에 완수될 수 있는 것이지만, 우리는 성령의 능력을 통하여 그 생명의 현존을 현재적으로 체험할 수 있습니다. 미래적 생명에 대한 희망은 예수 그리스도의 구원 사건에 대한 믿음에 기초합니다. "의인은 믿음으로 살리라"(합 2:4; 롬 1:17; 갈 3:11; 히 10:38). 즉 의인은 믿음으로 생명을 얻게 될 것입니다. 이 믿음에 기초한 희망은 살아있는 희망, 곧 "산 소망"입니다(벧전 1:3). 희망의 지평은 개인의 미래에만 제한되지 않고, 탄식하며 고통을 겪고 있는 모든 피조물에게 확장됩니다(롬 8:18-25). 바울의 미래 종말론은 그리스도에게 속한 개인의 부활을 넘어서서 만물이 하나님께 복종하여 "하나님이 만유의 주로서 만유 안에 계시는" 우주적 드라마로 전개됩니다(고전 15:20-28).

4. 사회적 생명

첫째, 하나님 나라는 탐욕이 숭배하는 부의 신인 맘몬을 거부하고 정의롭고 자비로우신 하나님을 섬기는 나라입니다(눅 16:13; 마 6:24). 하나님 나라의 생명경제는 부익부 빈익빈을 심화시키는 중앙집권화 된 로마제국의 경제체제를 비판하고(막 4:25; 11:15-17; 12:13-17), 구조화된 권력 아래서 눈덩이같이 커진 빚의 무게에 허덕이는 농촌 채무자들의 빚을 탕감하는 경제 원리를 제시하였습니다(마 18:12-35; 눅 7:41-43; 11:4b; 16:1-13). 그렇게 때문에 하나님 나라는 가난한 자에게 기쁜 소식이 될 수 있었습니다(눅 4:18; 6:20; 7:22).

둘째, 하나님 나라는 정치권력이 고압적인 권세를 휘두르는 세계가 아니라, 섬김과 사랑의 힘이 대안적 정치의 동력이 되는 생명문화의 세계입니다. "이방인의 소위 집권자들이 저희를 임의로 주관하고 그 대인들이 저희에게 권세를 부리는 줄을 너희가 알거니와, 너희 중에는 그렇지 아니하니 너희 중에 누구든지 크고자 하는 자는 너희를 섬기는 자가 되고, 너희 중에 누구든지 으뜸이 되고자 하는 자는 모든 사람의 종이 되어야 하리라. 인자의 온 것은 섬김을 받으려 함이 아니라, 도리어 섬기려 하고 자기 목숨을 많은 사람의 대속물로 주려 함이니라"(막 10:42-45).

5. 생태적/우주적 생명

생명에 대한 하나님의 관심은 인간의 영역, 특히 개인적인 영혼의 영역에만 국한되지 않고, 정치 경제 사회의 제 영역을 포함하고, 더 나아가서 자연 만물의 영역까지 포괄합니다. 인간의 생명은 물론 자연 만물의 생명, 우주적 생명 역시 하나님에 의하여 창조되었습니다(창 1:1-2:3; 시 33:6; 렘 10:12; 대상 29:14). 창세기 1장이나 2장은 하나님 창조의 절정으로서 인간의 창조를 말하고 있으나, 인간의 창조는 선행하는 우주와 자연의 창조 이야기와 결코 분리될 수 없습니다. 즉 성서가 증언하는 하나님은 인간 중심주의로 제한할 수 있는 분이 아니라, 우주적 세계와 자연의 생태적 생명이라는 광활한 지평 속에서 창조의 사역을 수행하시는 분이십니다(욥 12:10).

Ⅱ. 풍성한 생명을 잉태하는 교회

1. 풍성한 생명을 잉태하는 교회의 영성: 관계적 영성

생명은 본질적으로 관계적입니다. 생명체는 상부상조하는 기관들과 존재들로 이루어져 있고, 이들의 협력관계 속에서 생명을 유지하기 때문입니다. 모든 생명체는 관계의 망 속에 존재하는 것입니다. 신앙의 세계에서도 마찬가지입니다. 요한복음은 하나님과 그리스도 사이의 깊은 관계성을 반복해서 강조하고 있습니다. "내가 아버지 안에 거하고 아버지께서 내 안에 계심을 믿으라"(요 14:10-11; 12:44-45; 17:10). 그리고 그리스도와 제자들 사이의 깊은 관계성에도 주목하고 있습니다. "내 안에 거하라 나도 너희 안에 거하리라"(요 15:4; 10:14, 15; 14:20). 하나님, 그리스도, 그리고 제자들 사이에 내재된 상호 관계성은 세상으로 하여금 진리를 깨닫고 믿음을 얻게 하기 위해서 없어서는 안 될 전제조건입니다(요 17:21). 한편 교회는 다양한 지체가 한 몸으로 연결되어 있는 "그리스도의 몸"이기 때문에 그리스도인들은 다양성 속의 일치를 추구하는 관계적 존재로 살아갑니다.

2. 풍성한 생명을 잉태하는 교회의 목회: 모성적 돌봄

기독교 전통에서 하나님의 대표적인 호칭은 아버지입니다. 그런데 성서는 하나님을 모성적 이미지로 표현하기도 합니다. "어머니가 자식을 위로함 같이 내가 너희를 위로할 것인즉 너희가 예루살렘에서 위로를 받을 것이다"(사 66:13; 참. 49:15). 시편 기자는 하나님 품에 안겨 있는 상태를 어머니 품에 안겨 있는 상태로 묘사합니다. "내가 내 영혼으로 고요하고 평온하게 하기를 젖 뗀 아이가 그의 어머니 품에 있음 같이 하였나니 내 영혼이 젖 뗀 아이와 같도다"(시 131:2). 예수는 잃어버린 동전 하나를 다시 찾기 위하여 온 집안을 청소하기까지 하는 여성의 이미지를 통해서 하나님의 크신 사랑을 설명하고 있습니다(눅 15:8-10; 참. 마 23:37). 사도 바울이 자신의 목회 사역을 모성적 활동으로 그리고 있는 점도 주목할 만합니다. "나의 자녀들아 너희 속에 그리스도의 형상을 이루기까지 다시 너희를 위하여 해산하는 수고를 하노라"(갈 4:19). 바울은 자신을 "아버지"일 뿐 아니라(살전 2:11; 고전 4;15) "유모 혹은 어머니"라고 비유합니다(살전 2:7). 또한 고린도 교회에 대해서도 자신의 역할을 젖을 먹이는 어머니로서 형상화합니다. "내가 너희를 젖으로 먹이고 밥으로 아니 하였다"(고전 3:2). 현대 교회에는 익숙하지 않은 이미지이지만, 켄터베리의 안셀름은 자신의 기도에서 바울을 하나님의 자녀를 돌보는 유모요 어머니로 부르고 있습니다.

3. 풍성한 생명을 잉태하는 교회의 선교: 섬김의 선교

교회는 예수 그리스도를 보내주신 하나님의 크신 사랑을 증거하기 위해서 세상 속으로 파송 받은 선교적 존재입니다. 사랑으로 자기 목숨을 내어주는 선한 목자를 따르는 교회는 자신도 선한 목자의 정체성을 지녀야 할 것입니다. 교회는 세상과의 관계에서 자기중심적이고 패권적인 목자상이 아니라(겔 34:4; 요 10:1, 8, 10, 12-13), 양들의 풍성한 생명을 위하여 자신의 목숨을 내어 놓는 선한 목자의 정체성으로 섬김의 선교에 임해야 합니다(요 3:16; 6:51-58; 10:10). 동시에 교회는 살진 양과 파리한 양 사이에서 심판하시는 정의에 입각한 선한 목자이신 하나님의 모습을 반영하는 선교의 정신을 회복해야 합니다(겔 34:16, 20, 25). 정의가 없으면 생명은 살리는 힘을 잃기 때문입니다.

Ⅲ. 맺는 말

세계는 지금 물질적인 무한 성장과 자기 중심주의적 탐욕이라는 우상숭배에서 회심할 때에만 인류 공동의 미래를 기대할 수 있는 준엄한 파국적 현실에 직면하고 있습니다. 예수 그리스도를 생명의 주로 고백하는 교회는 생명목회와 생명선교의 방법론을 모색하면서 우리 사회와 국가가 사망의 길을 떠나 생명의 길을 찾을 수 있도록 인도하는 가시적 신앙공동체로서의 역할을 다하여야 할 것입니다. "살아있는 자들," 곧 "생명 있는 자들"(참고. 롬 1:17; 8:13; 살전 5:10; 눅 10:28; 히 12:9)이라는 표현은 초대교회 당시 그리스도인들을 부르는 명칭 중 하나였습니다. 오래된 이 명칭을 기억하면서, 21세기의 한국 교회가 풍성한 생명의 공동체로서의 성서적 정체성을 다시금 확립하기를 바랍니다.

모든 생명공동체를 아끼시며 돌보시는 농부 하나님

정경호*

오늘의 우리 세계는 정의, 인권, 자유, 평등, 나눔, 책임 등을 완전히 배제해버린 경제세계화 시대의 급류에 떠내려가고 있습니다. 그리하여 가면 갈수록 빈부의 격차가 심각한 양극화의 한 복판에 서있게 될 것이며, 제국의 온갖 횡포에 찢겨지고 부수어진 땅의 사람들과 가난한 사람들이 도와달라고 외치는 절규의 정점에 서게 될 것임은 너무나도 뻔합니다. 세계 도처에서는 인간의 생명을 짓누르고 있는 온갖 위험과 폭력과 테러들이 난무하고 있으며, 인간의 교만과 탐욕으로 인한 전쟁이 여기저기에서 일어나고 있습니다. 그로 인해 발생하는 수천만의 사회-경제-정치적 난민들이 인

* 영남신학대학교 교수

간 이하의 대우를 받고 있는데, 그 중에서도 여성과 어린이의 피해는 너무나 커서 감히 상상조차 할 수 없는 비참한 삶이 전개되고 있음을 봅니다. 오늘의 북반구세계는 자신의 안전과 번영을 위해 너무나도 값지고 아름다운 생태환경을 파헤쳐나가고 있으며, 가난한 남반구 세계는 남반구 세계대로 경제적 번영을 위해 자연을 마구잡이로 개발하는가 하면 땅 속 깊이에 있는 화석연료들을 과다하게 마구 사용하고 있습니다. 그리하여 인간의 생명을 생명 되게 하는 자연과 생태환경은 우리 인간에 의해 온통 찢겨지고 파괴되고 있는 것입니다. 이로 인해 오늘의 세계는 도처에서 기후변화에 따른 재앙이 발생하는가 하면, 생각하지도 못한 천재지변으로 지구적-우주적 생명공동체가 생명 죽임의 위기에 직면하고 있는 것이 오늘의 현실입니다.

자연생태계 파괴로 인한 자연적 재앙

우리의 하나님은 우주와 역사 속에서 인간을 포함한 자연생태계의 모든 생명들을 주관하시는 하나님입니다. 그러나 하나님이 바라시고 원하시는 방향과는 정 반대의 모습으로 땅이, 그리고 자연생태계가 우리 인간의 폭력으로 인한 고통으로 울부짖고 있음을 봅니다. 최근 발생했던 엄청난 자연의 재앙들이 우리들에게 그것을 직접 말해주고 있습니다. 2004년 12월 26일에는 인도네시아에서 발생한 진도 9.0의 해저 지진 여파로 23만 명이 사망하는 초유의 사건이 일어난 바 있습니다. 이어서 2008년 5월 12일 중국 쓰촨성에서는 진도 8.0의 지진으로 8만 명 이상이 사망하거나 실종되었고, 수십만 명의 부상자와 이재민을 낳았습니다. 2009년 9월 필리핀에서는 대홍수로 인해 51명이 사망하고 28만여 명의 이재민이 발생하였으며, 2010년 1월 12일 아이티를 강타한 7.0의 강진은 23만 명 이상의 사망자와 수십만 명의 부상자 및 약 150여만 명의 이재민을 발생시켰습니다. 2010년 7월 파키스탄에 찾아온 몬순 호우로 인더스 강 유역 일대가 물에 잠겨 파기스탄 국토의 5분의 1이 침수되었으며, 그로 인해 2천여 명의 사망자와 2천여만 명의 이재민이 발생하였고 파키스탄의 국가적 손실액은 430억 달러에 달하였습니다. 2011년 2월 뉴질랜드를 강타한 지진은 100여명의 사망자와 수십만의 이재민을 낳았고, 복구비만 200억 달러가 넘었다고 합니다. 한편 2011년 3월 11일, 일본에서는 진도 9.0의 강진과 함께 밀어닥친 쓰나미로 28,000명의 사망자 및 실종자, 그리고 25조 엔에 이르는 경제적 손실을 입었습니다. 더욱이 일본의 지진은 단순히 일본만의 문제로 그치지 않았습니다. 지진의 여파로 발생한 후쿠시마 원자력 발전소의 폭발사고는 일본 국내는 물론 태평양 바다 전체를 방사능으로 오염시켰고, 방사능 낙진은 대기의 흐름을 따라 전 세계 곳곳으로 퍼져갔습니다. 또한 5년 전 진도 8.0의 대규모 지진이 발생했던 중국 쓰촨성에서는 2013년 4월 20일, 강도 7.0의 지진이 또다시 발생해 엄청난 피해를 가져왔습니다. 이러한 대규모 재해들은, 이제 우리나라도 언제까지나 그런 재앙으로

부터 예외일 수는 없다는 것을 경고하고 있습니다.

세계교회협의회(WCC)는 이러한 재해들이 우리 인간의 부와 끝없는 탐욕만을 위한 개발과 발전에서 결과한 것이며, 하나님보다는 물신(物神)을 섬겨온 심각한 죄성의 결과임을 고백해야 한다고 역설합니다. 그러므로 인간과 자연생태계의 모든 생명공동체를 창조하신 하나님을 믿는 믿음도 인간만을 위한 인간중심의 신앙이나 구원을 넘어 모든 생명공동체의 구원, 곧 모든 생명공동체의 풍성한 생명과 안전과 구원으로 그 범위를 넓혀야 함을 강조하기도 합니다. 이에 따라 세계교회협의회는 올해 10월 열릴 부산 총회에서, 모든 생명공동체의 풍성한 생명 · 정의 · 평화가 넘치는 세상을 이루기 위해 앞으로 10여 년 동안 더욱 더 생태정의에 역점을 둘 것을 강조할 것이라고 합니다. 우리가 믿는 하나님은 모든 생명공동체의 생명을 풍성하게 하시며 그 생명을 온전하게 하시는 하나님이시기에, 이제 우리 역시 자연생태계의 모든 생명이 인간과 함께 풍성한 생명과 평화를 누릴 수 있게 하는 일을 가장 중대한 선교적 과제로 삼아야 할 것입니다.

식량위기의 현실과 빈곤

우리는 경제세계화의 이면에 감춰진 어두운 모습, 특히 식량의 위기라는 생명 죽임의 그림자가 길게 드리워져 있음을 봅니다. 2000년부터 세계 곡물 생산량이 곡물 소비량보다 줄어들기 시작하면서 식량위기의 문제가 서서히 수면 위로 부상하다가 2007년과 2008년에는 본격적으로 식량위기가 발생하였습니다. 브루스터 닌(Brewster Kneen)의 『누가 우리의 밥상을 지배하는가』에 의하면, 2000-2001년도의 세계 곡물 생산량은 18억 4276만 톤이었던데 비하여 곡물 소비량은 18억 6326만 톤이 되면서 처음으로 소비량이 생산량을 앞서기 시작하였다고 합니다. 그리하여 서서히 식량위기의 문제가 누적되어 오다가, 2007-2008년에는 세계 곡물 생산량이 20억 8409만인데 반하여 소비량은 21억 543만 톤이 되면서 식량위기가 급증하게 되었습니다. 한편 2000-2002년도 세계의 곡물 재고량은 304만 톤이었는데, 2007-2008년도에는 149만 톤으로 줄어들면서 세계 도처에서는 절대적인 식량부족으로 인한 문제들이 발생한 것입니다.

식량부족 문제가 현실로 나타나자 2008년 벽두부터 방글라데시, 필리핀, 인도, 이집트, 카메룬, 잠비아, 멕시코, 아이티를 포함한 37개국에서는 두 배나 폭등한 식량가격으로 인하여 수많은 인구가 아사 직전에 이르게 되었습니다. 그렇다고 해서 우리나라도 예외는 결코 아닙니다. 2008년 한국의 식량자급률은 25.3%에 불과합니다. 한국의 식량자급률은 경제협력개발기구(OECD) 국가 가운데 포르투칼, 일본, 네덜란드와 함께 최하위 그룹에 속합니다. 우리나라가 연간 필요한 식량 소비량은 약 2000만 톤에 조금 못 미치는데, 이 가운데 약 500만 톤은 국내에서 자급하고 나머지 1500만 톤은 외국의 수입에 의존하고 있는 실정입니다.

이러한 식량위기는 왜 일어나고 있는 것일까요? 한마디로 말하자면 그것은 곡물총생산량보다 훨씬 더 많은 소비를 하고 있기 때문입니다. 세계의 곡물 소비량이 늘어나는 데는 적어도 3가지 요인이 있습니다. 첫째 요인은 곡물대신 육류의 소비가 늘어나는 기현상 때문입니다. 과거 곡물을 주식으로 하는 음식문화에서 고기를 많이 소비하는 음식문화로 바뀌어 갈수록 식량의 소비가 기하급수적으로 늘어나는 것입니다. 두 번째 요인은 약 23억의 인구 대국인 중국과 인도의 경제성장으로 인한 식량소비의 증가입니다. 특히 중국 사람들의 육류소비가 빠른 속도로 증가하여, 이것이 세계의 식량 부족현상으로 이어지고 있는 것입니다. 셋째의 요인은 바이오에너지 생산의 급증에서 찾을 수 있습니다. 미국이 이라크를 침공한 이후 국제 석유가격이 크게 오르기 시작하자, 석유의 대체에너지로 바이오디젤이나 바이오에탄에 대한 수요가 급증하게 되었습니다. 그 결과 식량으로 사용해야 할 곡물이 자동차 연료 등으로 사용되면서 곡물소비가 더욱 크게 늘어난 것입니다.

그러나 가장 큰 문제는 하나님이 주신 물, 땅, 공기, 햇볕 그리고 씨앗이라는 곡물, 곧 하나님의 것인 자연을 함께 나눔으로써 모두가 행복해지는 진리를 거부하고, 이 모든 것을 인간이 독점하여 이익을 취하고자 한 탐욕의 죄성에서 비롯되고 있습니다. 이러한 시점에서 우리의 신앙은 가난한 이웃과 함께 지구온난화로 인해 신음하는 자연생태계를 생각하며 살아가는 신앙으로 바뀌어져야 하고, 지구촌 세계와 모든 생명공동체의 풍성한 생명이 지속될 수 있는 생활양식으로 바뀌어져야만 합니다. 우리의 입으로 들어오는 음식은 하나님이 주신 생명의 씨앗이 햇볕, 공기, 흙, 물을 먹고 자란 것이기에 하나님이 주신, 하나님의 것입니다. 그러므로 우리가 날마다 먹는 밥상을 통해 우리 자신이나 가족의 건강과 행복만을 생각한다면, 그것은 하나님이 바라시는 것과는 전혀 다른 삶이기에 더 이상 예수님의 십자가를 지고 그의 뒤를 따른다고 말할 자격이 없는 것입니다.

생명의 밥상·평화의 세상

하나님께서 첫 사람 아담과 이브를 창조하신 후, 그들이 서로 사랑하며 평화롭게 살게 한 에덴동산은 하나님께서 생명의 기운을 불어넣어주신 생명의 땅이요 생명의 마을입니다. 하나님께서 창조하신 우주와 태양과 달과 별, 공기와 물과 바람, 바다와 강과 개울, 꽃과 풀과 갖가지의 나무들, 이름 모를 작은 벌레들과 크고 작은 동물들, 이 모든 것들이 하나같이 그들에게 다정하고도 포근한 이웃이 됩니다. 뿐만 아니라 에덴이라는 생명이 풍성한 마을 속에 살았던 아담과 이브는, 하나님의 신비한 은총의 손길과 사랑을 자연을 통해 맛보며 살아간 최초의 사람인 것입니다. 하나님은 자신의 형상에 따라 창조하신 첫 사람, 아담과 이브를 통해서 모든 인류들이 지향해야 할 삶의 참 모습을 보여주고자 하신 것입니다. 그것은 반(反)생명적인 오늘의 세상에서 생명 · 정의 · 평화가 넘치는 대안사회를 만들어가야만 한다는 하나님의 명령이기도 한 것입니다.

우리가 날마다 밥상을 대할 때마다 하나님의 아름다운 세상을 꿈꾸지 않는다면 그것은 참 신앙의 모습이 결코 아닙니다. 우리가 날마다 음식을 먹으면서 하나님이 바라시는 새로운 세상을 조금씩 실현해 나가지 않는다면, 그것은 예수 그리스도의 제자됨의 길과는 거리가 있는 것입니다. 음식을 대할 때마다 우리는 모두가 넉넉하고 모두가 만족하며, 모두가 평등한 "만나"의 밥상을 기억하면서, 음식의 주체는 애굽의 왕, "바로"의 정치 · 경제가 아니라 하나님이 음식의 주체가 되심을 믿고 모두가 함께 넉넉하고 함께 기뻐하는 새로운 대안사회를 만들어가야 할 것입니다. 다문화 가정이었던 룻이 밥상을 통해 이방 여성이란 문화적 차별, 가난한 여성이란 경제적 차별, 나아가서 당시 가부장적 사회의 성차별을 극복해내고 예수 그리스도의 조상이 된 것처럼, 우리 또한 우리 사회의 모든 차별을 넘어 모두가 하나 되는 새로운 세상을 실현해 나가야 합니다. 또한 포로로 잡혀간 다니엘이 왕이 차려준 산해진미(山海珍味)의 음식을 거부하고 당시의 제국주의와 그 어떤 타협도 하지 않았던 그의 신앙처럼, 오늘의 교회는 그 어떤 물신(物神)이나 세속주의의 달콤한 속삭임과도 결코 타협하지 않으며, 진정으로 살맛나는 새로운 세상을 도출해내어야 합니다.

메뚜기와 석청으로 차려진 세례요한의 밥상은, 최소한의 절제된 음식을 먹음으로써 당시 흥청망청 먹고 마신 헤롯왕과 타락한 세상을 새로운 믿음의 세상으로 개혁해 나가고자 한 밥상이었기에, 우리 또한 그러한 밥상을 맛보아야 할 것입니다. 예수 그리스도는 당시 가장 소외된 계층의 지극히 작은 사람들, 곧 죄인들과 세리와 여성들과 함께 식탁을 나눔으로써 하나님의 나라의 평화의 모습과 함께 참 교회의 모습을 보여주었습니다. 나아가 예수 그리스도는 자신의 십자가의 죽음을 바라보면서, 제자들과 함께한 마지막 밥상에서 자신의 몸을 "밥상의 먹이" 곧 "구원의 먹이"로 내어놓으셨습니다. 우리의 신앙과 삶이 살인적인 가난으로 절규하는 이웃과 세상을 위해, 그리고 자연생태계의 모든 생명공동체가 온전하고도 풍성한 생명을 누릴 수 있도록 사용되어야 하는 중요한 이유가 여기에 있는 것입니다. 사도행전의 2장에 나타나는 초대교회는, 사도들의 가르침 속에서 서로 교제(연대하고 일치)하고 떡을 떼어 함께 배불리 먹으면서, 예수 그리스도의 십자가와 부활을 회상하고 함께 기도했던 신앙공동체였습니다. "모두가 한 사람을 위한" 그리고 "한 사람이 모두를 위한" 사도행전의 초기 공동체야말로 오늘의 우리가 만들어가야 할 대안사회의 모습이기도 합니다. 요한계시록 마지막 장인 22장 1-2절은, 성전에서 흘러나오는 생명의 강물을 먹은 나무들은 풍성한 과실을 맺으며, 그 나무의 잎들은 세상을 치유한다고 말합니다. 결국 성전에서 흘러나온 생명의 말씀과 그 말씀으로 제대로 차려진 밥상이 우리의 이웃과 사회, 우리의 분단된 민족과 찢겨지고 상처받은 강산을 치유해 나가는 것이며, 오늘의 지구촌세계와 모든 생명공동체를 치유해 나가는 것입니다.

오늘의 세상은 전쟁과 경제적 빈곤, 자연생태계의 파괴와 그로 인한 자연적 재앙으로 신음하고 있으며, 상처받고 찢겨진 하나님의 형상을 지닌 귀한 생명들이 생명 죽임의 그림자에 뒤덮여 있음을 알 수 있습니다. 뿐만 아니라 오늘의 지구촌 곳곳의 자연생태계를 비롯한 모든 생명공동체들은 우리 인간들의 폭력으로 신음하며 절규하고 있습니다. 그들 모두를 치유하여 평화로운 세상을 만들어가야 합니다. 그렇습니다. 하나님이야말로 모든 생명공동체를 아끼고 돌보시는 농부 하나님이십니다. 그러므로 우리 또한 생명·정의·평화의 농부가 되어 하나님이 바라시는 아름다운 세상, 모든 생명공동체가 기뻐하고 즐거워하는 새로운 대안사회를 만들어가야만 하나님께서 심히 좋다고 기뻐하실 것입니다. 바로 이것이 오늘 한국교회에 주어진 가장 중요한 신앙의 과제입니다. 이제 한국교회는 세계를 향해, 그리고 모든 생명공동체를 위해 땀 흘려 봉사하는 농부의 모습으로 나아가야만 합니다.

생명의 위기와 교회의 과제

정원범*

Ⅰ. 생명 위기의 현실

오늘날 우리는 경제적 불의, 생태학적 파괴, 제국의 위협, 점증하는 종교 및 인종간의 갈등 속에 명백히 나타나고 있는 생명 죽임의 세계적인 체계 속에서 살아가고 있습니다. 21세기 인류는 전례 없는 두 가지 지구적인 생명의 위기에 직면해 있는데, 하나는 자연생태계가 파괴되고 있는 생태학적 위기이고 다른 하나는 가난한 사람들의 삶이 파괴되고 있는 정의의 위기입니다.

세계개혁교회연맹은 아크라 신앙고백문서를 통해 생태계의 위기 상황에 대해 이렇게 지적합니다. "1850년에서 1950년까지는

* 대전신학대학교 교수

매년 하나의 동물종이 사라졌고, 1989년경에는 하루에 하나의 종이 사라졌으며, 2000년경에는 시간당 하나의 종이 사라지고 있습니다. 기후변화에 관한 정부 간 패널에 따르면, 사라진 종들의 퍼센트는 50년 이내에 30%에 이를 것이라고 한다." 이러한 생물종의 급격한 감소는 오늘날 생태계 파괴 현상의 심각성이 어떠한지를 여실히 보여줍니다. 이 외에도 삼림의 파괴, 대기 및 수질의 오염, 토지파괴, 지구온난화, 홍수와 가뭄, 토네이도 등 심각한 생태계 파괴현상을 들 수 있는데 오늘날 지구생태계는 거의 파멸될 지경에 이르고 있습니다.

인류가 직면한 또 하나의 비참함에 대해 장 지글러는 이렇게 지적합니다. "오늘날 인류가 처한 비참함의 정도는 인류 역사상 그 어느 시대에서도 찾아 볼 수 없을 만큼 참담하다. 5세 미만의 어린 아이들 중에서 1천만 명 이상이 해마다 영양 결핍이나 각종 전염병, 오염된 식수, 비위생적인 환경 때문에 목숨을 잃는다. 이들 중에서 50%는 지구에서 가장 가난한 6개국에서 발생한다. 희생자들의 90%가 남반구 국가들의 42%에 집중되어 있다. … 오늘날 지구상에는 18억이 넘는 인구가 하루에 1달러도 안 되는 수입에 의존해 극도의 빈곤 속에 살고 있다. 반면, 가장 부유한 1%의 인구는 가장 가난한 사람 57%의 수입을 모두 합한 것과 같은 액수의 돈을 번다." "현재 지구상에서는 5초마다 10세 미만의 어린이 한 명이 기아 또는 영양결핍으로 인한 질병으로 죽어가고 있다. 2007년 기아로 사망한 사람의 수는 같은 해 일어난 모든 전쟁의 사망자를 더한

수보다 많다." 또 다른 자료에 따르면, "세계에서 가장 가난한 20%의 사람들이 파이의 1.3%만을 차지하는 반면, 부유한 국가들에 사는 20%의 사람들이 파이의 86%를 차지하고 있다. 아프리카의 평균 가계 소비는 25년 전보다 20%가 줄었다. 세계인구의 3분의 2가 하루 2달러 미만으로 살아간다." 이처럼 우리는 극심한 가난과 부익부 빈익빈의 심화를 특징으로 하고 있는 매우 참담한 세계의 현실에 직면해 있습니다.

Ⅱ. 생명의 위기와 신학

이러한 생명의 위기가 교회와 무슨 상관이 있으며 신학과 무슨 상관이 있는 것입니까? 이 위기는 우선적으로 생태학적, 경제학적 차원의 도전일 것입니다. 그러나 그것은 동시에 신학적, 윤리학적 차원의 도전이기도 합니다. 왜냐하면, 신학이란 인간과 모든 피조물에게 생명의 풍성함을 누리게 함으로써 하나님께 영광을 돌리는 것을 목적으로 하기 때문이고, 그래서 신학은 가난한 사람들과 지구 생태계의 생명의 풍성함을 억압하는 모든 불의한 체제를 거부할 수밖에 없기 때문입니다.

본래 신학은 하나님에 대한 것입니다. 그러나 그것은 동시에 세계에 대한 것이기도 합니다. 그도 그럴 것이 우리가 하나님을, 세상을 창조하신 창조자, 생명의 파멸로부터 건져주시는 해방자, 생명을 보존하시고 풍성하게 하시는 양육자 하나님으로 믿는다면, 다시 말해 세상을 이처럼 사랑하는 하나님으로 믿는다면, 하나님 없는 세계도, 세계 없는 하나님도 있을 수 없기 때문입니다. 그러므로 우리가 오늘의 세계가 직면한 생태학적 위기와 가난한 사람들의 생명을 파괴하는 불의한 세계 현실을 무시한 채, 이웃사랑, 하나님 사랑, 하나님의 영광을 말한다면, 그것은 공허한 미사여구에 지나지 않을 것입니다.

Ⅲ. 생명 위기의 원인

그렇다면, 이 지구적인 생명 위기의 원인은 무엇입니까? 그것은 아크라신앙고백이 지적한 대로 부자나라들의 무한 경제성장 정책과 이윤을 극대화하려는 다국적 기업들의 탐욕, 그리고 이와 관련된 과도한 소비지향적 생활방식 등에서 비롯된 것입니다. 즉, 소수의 사람들만 더 부유하게 하고 대다수의 사람들을 더 가난하게 만드는 시장자본주의 체제(밀튼 프리드만은 시장자본주의를 오직 수익의 극대화만을 추구하는 수많은 투자가들에 의해 작동되는 거대한 기계라고 설명한다)와 그 세력들, 그리고 한계를 모르는 무분별한 소비생활방식이 지구를 황폐화시키고 사람들을 가난하게 만들고 있습니다. 한마디로, 시장 자본주의와 통제되지 않는 소비주의가 세계의 빈곤화와 생태계 파괴의 주범입니다.

Ⅳ. 교회의 과제

그러면 모든 생명의 풍성함과 충만함을 원하시는 하나님의 뜻을 따라 살아가야 하는 교회는 어떻게 이 생명의 위기를 극복해갈 수 있을까요? 즉, 지구적인 생명 위기를 극복하기 위한 교회의 과제는 무엇일까요?

1. 고통의 현실에 대한 직시

오늘의 교회는 하나님의 피조세계가 탄식하며 구원을 갈망하고 있는 오늘의 생명파괴적인 고통의 현실(전 세계 가난한 사람들의 고통과 파괴되어 가고 있는 생태계의 고통)을 직시해야 합니다. 왜냐하면 '우리가 마땅히 해야 할 것이 무엇인가?'라는 윤리학적 질문에 대한 대답의 상당 부분은 사실적 지식으로부터 생겨나기 때문이며, 또한 현실 상황과 관련이 없는 신앙과 신학이란 공허할 수밖에 없기 때문입니다.

2. 생명 위기의 원인에 대한 성찰

오늘의 교회는 지구적인 생명 위기를 초래한 우리들의 생활방식과 그 기저에 있는 세계관, 경제관이 무엇인가에 대해 진지한 성찰이 있어야 하겠습니다. 오늘의 생명 위기는 우리의 삶의 방식의 결과이고, 우리의 생활방식은 우리의 사고방식 또는 세계관의 결과이기 때문입니다. 그런데 전술했듯이 오늘의 생명 위기의 원인은, 인간을 지구와 다른 사람들로부터 고립된 개인주의적 존재로 파악하고, 지구의 한계를 인정하지 않으며, 생태계의 파괴는 아랑곳하지 않은 채 무한한 성장만을 경제목표로 삼고 있는 시장자본주의, 또는 신고전주의 경제학의 세계관과 인간관에서 비롯된 것이며, 그런 세계관의 배경을 가지고 보다 많은 물품을 사고, 보다 많은 것을 소유하는 것이 행복의 기본이라고 생각하는 소비주의에서 비롯된 것입니다.

3. 생명의 관점에서 본 신학의 재구성

오늘의 교회는 지구적 위기의 극복이 가능한 지구적인 생태신학과 같은 새로운 신학을 구성해야 합니다. 우리가 주지하듯, 교회역사 속에 있었던 모든 신학이란 언제나 그 때마다 새롭게 형성된 바, 삶의 상황에 맞게 재구성되어져 왔던 상황적 신학이기 때문입니다. 따라서 오늘의 신학은 오늘의 지구적 위기 상황의 관점에서 새롭게 재구성될 필요가 있습니다. 만일 그렇게 하지 못한다면, 교회의 신학은 기독교 진리의 시대적합성과 그 진정성을 제대로 드러낼 수 없게 될 것이며, 뿐만 아니라 교회의 이웃 사랑, 자연사랑의 과제를 제대로 수행할 수 없게 될 것입니다. 다시 말해 교회의 신학이 오늘의 현실, 즉 세계의 빈곤화와 지구 황폐화의 생명

파괴적 현실을 외면한다면, 그래서 세상을 사랑하시는 하나님의 사랑을 제대로 신학화하지 못한다면, 오늘의 교회는 세상을 사랑함으로써 하나님을 사랑하고 하나님께 영광을 돌려야 한다는 교회와 신학의 목적을 온전히 구현할 수 없게 될 것입니다.

4. 대안적 세계관과 대안적 삶의 제시

오늘의 교회는 지구적 위기를 극복할 수 있는 건강하고도 새로운 대안적 세계관을 제시할 뿐 아니라, 그러한 대안적 삶의 방식을 교회 스스로가 보여줄 수 있어야 합니다. 잘못된 세계관과 잘못된 삶의 방식을 대체할 수 있는 대안적 세계관과 대안적 삶의 방식을 제시하는 일은, 지구적 생명위기의 극복을 위한 필수적인 과제가 아닐 수 없습니다.

생태학적 위기를 초래한 근대문명의 사상적 토대는 지구를 인간이 조작할 수 있는 기계로 파악하고 그 안의 자연을 대체 가능한 부속품으로 취급하는 기계적 세계관과, 인간을 지구와 다른 인간들로부터 고립된 개별적 존재로 파악하는 신고전주의적 인간관입니다. 여기서 실재는 영혼과 육체, 인간과 자연으로 분리됩니다. 이런 기계론적, 이원론적, 분리(고립)주의적 세계관과 인간관이 대체되지 않고서는 생명 위기의 극복이란 불가능합니다. 따라서 새로운 대안적 세계관, 인간관의 재정립이 중요한데, 그것은 바로 지구를 수많은 다양한 지체들로 이루어진 고도로 복잡한 유기체,

또는 모든 부분들이 본질적으로 상호 연관된 하나의 공동체로 파악하는 지속가능한 유기체의 세계관이고, 또한 인간을, 자연과 다른 인간 위에 군림할 수 있는 고립된 존재가 아니라 우리가 하나님에게 철저하게 의존해 있듯이, 자연에 철저히 의존해 있는, 그러기에 다른 모든 피조물과의 관계에서만 이해될 수 있는 관계적 존재, 즉 지구공동체의 구성원으로서의 관계적 존재로 파악하는 생태학적 인간관입니다.

만일 우리가 그러한 세계관과 인간관을 받아들인다면, 우리는 지금까지의 삶의 방식과는 다르게 행동할 가능성이 높아질 것입니다. 또한 우리가 세상과 우리 자신의 존재를 지금까지와는 다르게 볼 수만 있다면, 우리는 분명히 지금까지의 삶의 방식과는 다르게 살아 갈 수밖에 없을 것입니다. 이제 우리는 지구공동체의 구성원으로서, 개인의 무한한 욕망을 채우고자 하는 소비지향적 삶의 방식을 거부하게 될 것이며, 지구와 지구공동체 구성원들의 안녕을 위해 하나님의 선물인 지구의 자원을 공정하고 지속가능한 방법으로 공유하고자 하는, 참으로 풍성한 삶을 보여줄 수 있게 될 것입니다.

5. 생명운동(생명농업운동)의 전개

오늘의 농촌교회는 세계의 농촌현실을 근본적으로 파괴하고 있는 카길, 몬산토와 같은 초국적 농식품 기업의 횡포에 맞서, 농촌을 살리고 지구생태계를 살리는 지속가능한 생명농업운동에 참여해야 합니다. 미국 정부와 국제기구들까지 움직일 정도로 강력해진 초국적 농식품 복합체들의 세계 농업에 대한 지배력 강화의 결과가 매우 비참하기 때문입니다. "초국적 농식품 복합체에 의해서 주도되고 있는 공장식 농업은 생태적 문제를 야기하고, 살충제와 비료의 대량 투하를 촉진하고, 작물의 다양성을 크게 훼손하였습니다. 에너지과다소비형 기술이용을 촉진하여 농촌사회의 불평등을 조장함으로써, 결국은 가족농을 몰아내고 농촌 사회를 근저에서부터 파괴하고 있는 것입니다." 뿐만 아니라 그들은 동식물의 유전자 및 종자의 상품화를 통해 제3세계 국가들의 국민들이 소유하고 있던 토종 동식물의 소유권 및 지배권마저 독점하기에 이르렀습니다. 따라서 교회가 생명 살리는 일을 본질적인 목적으로 가지고 있는 이상, 오늘의 교회는 이러한 세계적인 생명 파괴적 현실과 그 세력을 그대로 묵인하거나 방치해서는 안 됩니다. 특히 농촌지역을 기반으로 하고 있는 농촌교회는 어떠한 농약이나 화학비료 없이도 식량을 자급하고 있는 쿠바의 대안적 생명농업과 독일의 파시브하우스, 플러스에너지하우스 등을 모델로 하여, 생명을 살리고 생명을 풍성하게 하는 생명운동에 앞장 설 수 있어야 할 것입니다.

테크놀로지, 환경, 윤리에 대한 단상

고재길*

필자가 독일에서 유학할 때의 일입니다. 지금은 어느새 5학년이 되어버린 딸아이가 유모차를 탈 때입니다. 아내와 함께 나는 어떤 유모차를 사야할 지 결정을 못 내리고 있었습니다. 바퀴가 세 개인 유모차도 있었고 바퀴가 네 개인 유모차도 있었기 때문입니다. 세 개의 바퀴가 달려있는 유모차는 신상품이었고 그래서인지 가격은 만만치 않았습니다. 네 개의 바퀴를 갖고 있는 일반적인 구형 모델보다 훨씬 비쌌습니다. 아이를 둘이나 먼저 낳아서 키웠던 선배 한 분이 조언을 해 주었습니다. 비싸긴 해도 안정성을 고려하면 신형 모델이 더 나을 것이라고 했습니다. 본래부터 삼각형이 사각형보다 더 안전하다고 선배는 주장했습니다. 우리 부부는 마침내 세 개의 바퀴가 달린 유모차를 구입했습니다. 그것은 선배의 조언

* 장로회신학대학교 교수

이 논리적이었기 때문이 아니었습니다. 그 모델이 그 당시의 엄마, 아빠들에게 유행하는 상품이었기 때문도 아니었습니다. 그것은 그 유모차가 "더 안전하다"고 생각했기 때문이었습니다. 이 사건은 그 이후 필자에게 지속적으로 선한 영향을 미치고 있습니다. 효율성과 안정성 사이에서 하나를 선택해야 할 경우 필자는 대부분 후자를 선택합니다. 경제적 효율성보다 더 중요한 것은 사람을 위한 안정성입니다. 아마도 이것은 유학시절의 그 경험이 있었기 때문일 것입니다.

효율성과 안정성의 문제를 이야기할 때 어김없이 등장하는 단어가 있습니다. 그 단어는 테크놀로지, 즉 기술이란 단어입니다. 테크놀로지를 포괄적인 관점에서 규정하면 그것은 "인간의 욕구나 욕망에 적합하도록 주어진 대상을 변화시키는 모든 인간의 행위"(두산백과)를 의미합니다. 최근에 개봉한 영화, 〈감시자들〉을 보면 효율성과 안정성의 문제를 함께 생각할 수 있습니다. 이 영화의 주인공은 범죄 대상에 대한 감시를 전문적으로 담당하는 경찰조직 내부의 특수감시반입니다. 영화에서는 탁월한 기억력과 뛰어난 관찰력을 겸비한 신참(한효주)의 활동이 돋보입니다. 그러나 영화를 이끌어가는 주인공은 감시반 전체를 통솔하는 반장(설경구)과 임무수행 중에 칼에 찔려 순직하는 경찰까지 모두를 포함합니다. 거리에서 임무를 수행하는 이들에게 필수적인 감시통제센터는 영화에서 큰 역할을 담당합니다. 사건이 발생하면 범죄 대상자들의 행동반경을 감시하는 최첨단의 CCTV는 고도의 기술력을 유감없이 보여줍니다. 감사통제센터는 수십여 개의 카메라에서 노출된 행인들을 한명한명 관찰하고 분석합니다. 그럼으로써 마침내 그 센터는 3분만에 은행 강도 행각을 성공리에 마쳤던 범죄 대상자들 중 한 명을 찾아냅니다. 이것은 물론 그 일당을 체포하고 소탕하는 일에 결정적인 계기를 마련해 줍니다.

영화를 보면서 필자는 감시반들이 범인들을 어떻게 체포하고 소탕할 것인지 그것에 대해 궁금했습니다. 그러나 필자의 주목을 끌었던 것은 감시통제센터가 보여주는 최첨단의 감시기술이었습니다. 필자가 그것을 보면서 일찍이 영국의 공리주의 철학자, 벤담(Jeremy Bentham)이 말했던 판옵티콘(panopticon)이 생각났습니다. 벤담은 교도소의 죄수들을 효율적으로 관리하고 통제하는 시스템을 연구함으로써 인간 사회의 안정성의 지수를 높이고자 했습니다. 그와 같은 의도를 가지고 기획한 것이 바로 판옵티콘이었습니다. Pan의 의미는 '전체', '모두'이고, 'Opticon'의 뜻은 '본다'입니다. 그러므로 판옵티콘은 전체를 한 눈에 볼 수 있는 통제시스템 또는 통제 타워라고 할 수 있습니다. 벤담은 그러한 생각으로 판옵티콘의 필요성을 강조했습니다. 프랑스가 낳은 철학자, 푸코(Michel P. Foucault)는 오늘의 사회가 판옵티콘의 부정성으로부터 벗어나기 어렵다고 말하고 있습니다. 그의 유명한 저서인『감시와 처벌』은 근대국가의 폭력성이 대부분 인간의 기본권을 침해하고 제한하는 감시활동에 기초하고 있음에 대해 말합니다. 푸코의 견해를 가지고 우리는 효율적인 통제시스템으로서 만든 판옵티콘이 오늘의 사회에서는 오히려 인간의 삶의 안정성을 흔들어 놓고 있고 파괴시키는 일에 일조하고 있다고 말할 수 있을 것입니다. 영화의 감시자들은 전적으로 범죄 대상자들만을 관찰하고 분석합니다. 그러나 필자는 생각해 봅니다. 만약 영화의 감시자들이 범죄 대상자들만이 아니라 일반 국민들이나 시민들을 관찰하고 감시한다면 어떻게 될까? 영화가 말하는 감시와 최근의 우리나라에서 화제가 되었던 '민간인 불법사찰'은 어떻게 다른 것일까? 영화는 필자의 질문을 미리 알고 있었던 것일까? 영화의 한 대사가 생각납니다. "우리가 이것저것 다 관여하다보면 뭐가 되는지 알아? 불법사찰이야." 감시반들이 범죄 대상자들만을 감시하는 것은 선한 일이고 옳은 일입니다. 그러나 감시통제센터가 감시의 범주를 일반 국민들의 영역으로 확대시킬 경우, 그와 같은 감시와 통제는 악한 행동과 불의한 행동이 되는 것입니다. 이러한 부당한 일들이 일어나는 곳에서 그 누가 인간적인 삶의 안정성을 기대할 수 있겠습니까?

위에서 살펴본 바와 같이 테크놀로지와 윤리의 문제는 밀접한 연관성 하에서 생각되어야 합니다. 그렇지 않을 경우 인간의 삶의 안정성은 쉽게 보장받을 수 없을 것입니다. 기술의 혜택을 윤리의 관점에서 생각하는 것을 이제 환경의 문제와 같이 생각해보기로 합시다. 필자는 지난 학기 신학대학원의 수업, 〈테크놀로지, 인간 그리고 기독교〉에서 이러한 주제에 대해 다루었습니다. 수업의 한 주제로서 필자는 학생들과 함께 원자력기술을 기독교윤리적 관점에서 살펴보고 토론했습니다. 원자력기술에 대한 한국사회의 무조건적인 신뢰에 대한 비판이 있었습니다. 이것은 기술유토피아에 대한 신학적 비평이 필요하다는 생각이었습니다. 하나님이 주신 세상을 잘 관리하고 생태계를 잘 섬겨야 한다는 학생들이 적지 않았습니다. 그들은 모두 창조질서보전의 신학의 후예들임이 분명했습니다. 인상적인 의견은 미래세대를 위한 책임을 강조하는 그룹에서 나왔습니다. 원자력발전소의 핵폐기물 처리는 현 세대가 책임을 질 수 없는 일임에도 불구하고 현 세대가 원자력발전소를 계속 사용하는 것은 무책임하다는 의견이었습니다.

요약하면 기술유토피아에 대한 비판, 창조질서보전의 계명, 미래세대를 위한 책임윤리에 기초하여 한국사회가 직면한 원자력발전소의 문제를 합리적이고 개혁적인 방안을 모색하면서 해결해 나가자는 것이었습니다.

필자는 여기에 덧붙여 독일의 사례를 들어서 보충해 주었습니다. 요약하면 다음과 같습니다. 일본의 후쿠시마에서 원전사고가 일어난 후에, 독일정부는 탈원전정책에 대한 약속을 이행하기로 다시 결정하였습니다. 독일정부가 탈원전정책을 다시 실천하기로 결정하기까지 독일교회는 다각적인 방식으로 관여하였습니다. 시민단체와 함께 토론회를 개최하고 정부가 주최한 공청회에 적극적으로 참여하였습니다. 그리고 독일 "교회의 날" 행사를 통해 정부와 관련기관에 지속적으로 교회의 의견을 전달하였습니다. 필자는 독일의 교회처럼 한국교회도 이 주제에 더 많은 관심을 가지고 시민사회와 국가기관과 대화해야 한다고 강조하였습니다. 이렇게 수업은 잘 마무리가 되는 것처럼 보였습니다. 그런데 생각하지 못했던 곳에서 문제가 발생했습니다. 그것은 한 학생의 질문이었습니다. "독일의 상황과 한국의 상황은 다른 것이 너무 많은데 그렇게 우리도 독일교회처럼 해야 한다는 것은 무리한 생각이 아닌가?" "그리고 경제적 효율성의 관점에서 보면 원자력에너지보다 더 나은 에너지는 없지 않는가?" 필자는 독일만이 아니라 유럽의 여러 나라들이 실제로 탈원전정책으로 돌아서고 있으며, 재생에너지와 대체에너지 연구에 대해 일반 시민들도 많은 관심을 가지고 있고, 국가적 차원에서도 연구가 진행되고 있다고 말했습니다. 그리고 멀지 않은 장래에 원자력기술을 대체하는 에너지의 생산이 가능할 것이라고 답했습니다. 그 학생은 물러서지 않고 다시 질문했습니다. "교수님, 그것이 어떻게 가능합니까?" 그래서 필자는 답했습니다. "결단을 통해서 가능하다"고. "경영학은 경제적 효율성을 따지지만 종교, 윤리, 철학, 기독교신학은 당위성을 말해야 한다"고.

21세기 테크놀로지 시대에서 살아가는 우리는 기술을 생각할 때 환경과 윤리의 문제까지 함께 생각해야 합니다. 과학기술의 발전은 인간의 삶과 생태계 전체의 삶의 안정성을 강화시킬 수도 있고 파괴시킬 수도 있습니다. 그 가능성은 모두에게 열려 있습니다. 인간을 비롯한 생태계 전체의 삶의 안정성을 더 깊이 배려하는 윤리적 감수성이 필요한 때입니다. 그리고 경제적 효율성이 아니라 그리스도인들이 해야 하는 일이라면 그 일을 마땅히 행하는 "결단의 윤리"가 요구되는 시점입니다.

생명공동체를 세워온 녹색교회 이야기

유미호*

녹색교회는 겉모습에서부터 푸른 향내가 짙게 묻어납니다. 벽면엔 담쟁이넝쿨이 그 푸름을 더하고, 건물 지붕에서는 태양광전지판이 반짝거립니다. 교회 둘레엔 담장이 없으며 주변은 작은 숲입니다. 비록 작긴 하지만 지역주민들이 드나들며 친교하기에 부족함이 없습니다. 한 쪽에는 텃밭도 있고 앞마당엔 자전거가 줄지어 있습니다. 성도들은 자전거를 타고 세상과 교회를 오가고 있습니다. 그래서인지 자기 소리만을 내는 것이 아니라 하나님의 소리를 들을 수 있는 내적 고요와 기다림에 처할 줄 압니다. 자녀들에겐 녹색의 눈으로 성경을 읽게 하고 창조의 아름다움과 거룩함을 가르

* 한국교회환경연구소 책임연구원

치고 있습니다. 모든 생명은 하나님 안에서 한 형제요 자매임을 가르쳐 그들의 아픔을 느낄 줄 알게 하는 것입니다. 결코 주는 것보다 더 많이 취하는 일이 없게 하며, 탐욕을 채우려 함부로 파괴하는 일도 없게 합니다.

무엇보다 '녹색교회'를 꿈꾸는 목회자들은 교회 성장에 연연해하지 않습니다. 그들의 목회는 교인 수의 증가나 웅장한 예배당 건축이 아니라, 한 생명 한 생명의 행복지수를 높이는 '생명목회'를 향해 있기 때문입니다. 그런 목회자들과 함께하는 교우들 또한 하나님이 부여하신 동일한 생명의 가치를 지닌 모든 생명에게 늘 거룩하게 다가서며, 건물을 키우거나 주차장을 넓히기보다는 함께 살아가는 자연과 이웃이 정말로 원하는 게 무엇인지 살핍니다. 때로 그들이 고통 속에서 도움을 필요로 할 때면 결코 거부하지 않습니다. 오직 그들이 무엇을 필요로 하는가 하는 문제에 민감하며, 모든 생명들이 평화롭게 공존하는 세상을 위해 기도하며 헌신하고, 그것을 위해 아낌없이 예산도 씁니다. 교회의 이익을 위해 투기하는 일은 절대 없습니다. 오히려 교회가 보유하고 있는 땅을 공동자산으로 내놓거나, 보호해야 할 가치가 있는 것은 구입해서 자연으로 돌려보냅니다.

그러고 보면 이들 교회를 일컬어 "생명을 살리는 '예배'와 생명을 양육하는 '교육', '생명을 섬기는 '봉사(선교)', 생명을 나누는 '친교'가 균형을 이루고 있는 생명공동체로서의 교회"라 해도 부족하지 않겠습니다. 이들 교회야말로 '생명을 온전케 하고 삶을 축제로 바꾸어낼, '그리스도의 몸'된 교회요, '피조물이 탄식을 그치고 하나님의 솜씨를 노래하게 할,'하나님의 자녀들'이 모인 교회라 할 것입니다.

생명을 지키고 돌봐온 '녹색교회' 운동

이 같은 녹색교회를 꿈꾸며, 기독교환경운동연대에서는 1998년 교회들과 함께 '녹색교회21'* 이라는 제목으로 지속가능한 세상을 위한 기독교의제를 제정하였습니다. 19개 지역을 돌면서 순회교육을 한 후에는 시범교회도 운영했습니다. 시범교회 운영은 주제를 달리 하면서 몇 년씩 진행되었는데, 지금까지 교회들이 참여하여 성도들과 실천한 것을 보면 '교회 숲 가꾸기(담장헐기, 녹색

---

* '녹색교회21'은 생명위기 시대에 환경적으로 건전하고 지속가능한 사회를 위해 교회가 해야 할 일을 초대교회의 신앙양식(선포, 교육, 친교, 봉사) 등을 빌어서 표현한 것으로, 그 내용을 간단히 요약해 '녹색교회십계명'과 '녹색기독인십계명'으로 부르기도 한다.

• 녹색기독인십계명 - 일회용품을 쓰지 맙시다. / 이용합시다, 대중교통 / 삼갑시다, 합성세제 / 사용합시다, 중고품 / 오늘도 물 전기를 아껴씁시다 / 육식을 줄이고 음식을 절제합시다 / 칠일째는 하나님도 쉬셨습니다. 시간에 쫓기는 생활을 하지 맙시다 / 팔지맙시다, 소비광고에 한 눈을 / 구합시다, 작고 단순하고 불편한 것 / 십자가의 예수님처럼 어려운 이웃을 도웁시다.

• 녹색교회십계명 - 1) 환경주일(6월)을 정하여 지킵시다. 2) 신음하는 피조물을 위해 기도합시다. 3) 하나님의 창조세계 보전을 위해 설교합시다. 4) 창조보전을 위한 교육과 훈련을 합시다. 5) 환경전담 부서를 둡시다. 6) 환경을 살리는 데 예산을 사용합시다. 7) 불필요한 행사를 줄이고 소비를 절제합시다. 8) 냉난방을 절제합시다. 9) 중고품, 재활용품, 환경상품을 애용합시다. 10) 지역사회, 교회들 간에 환경보전을 위해 연대합시다.

쉼터, 녹색주차장, 하늘동산 등)', '생명밥상 빈그릇', '지렁이, EM을 통한 남은음식물 퇴비화', '초록가게', '지구온난화 억제를 위한 CO_2저감-에너지 가계부, 재생지 이용, 차 없는 주일', '물 사랑 실천', '지역교회의 주말생태교실', '지속가능한 세상을 여는 생활 속 환경교육', '교회 전력량 10% 줄이기' 등의* 다양한 내용으로 진행되었습니다. 대부분 "지극히 작은 자에게 한 것이 나에게 한 것"이라고 하신 주님의 말씀을 따라, 만물 중 가장 낮은 위치에 있는 자연에 관심을 두고 그들의 아픔을 어루만지며 '지키고 돌봐온' 일입니다.

이들 실천의 성과에 주목하여, 한국기독교교회협의회 생명윤리위원회와 기독교환경운동연대는 2006년부터 매년 '환경주일'** 을 맞이하면서, '녹색교회 열다짐'***이 담긴 진단표를 심사기준으로

---

* 이들 운동의 구체적인 실천방법을 알아 함께 '녹색교회'의 길을 걸어가기 원하는 분은『기후붕괴시대, 생명을 살리는 교회환경교육』(도서출판 동연, 2011)을 보거나, "총회 사회선교 정책문서" (총회 사회봉사부 자료집, 2007)에 실린 '대한예수교장로회 총회 환경선교지침서' (2007년 92회 총회 채택)를 참고하십시오.

** '환경주일'은 1984년에 '세계 환경의 날'(6월 5일)을 기념하면서, 한국공해문제연구소(현 기독교환경운동연대)가 제정한 날인데 1992부터는 한국기독교교회협의회와 소속교단 전체가 함께 지키며 공동예배자료집을 발간하고 연합예배를 드리고 있다.

*** 녹색교회의 선정기준의 토대인 '녹색교회 열다짐'은 다음과 같다.
[예배] 1. 만물을 창조하고 보전하시는 하나님을 예배한다. - 1) 환경주일을 정하여 지킵시다. 2) 창조보전에 대한 설교를 합시다. 3) 성만찬을 통하여 생명의 소중함을 깨달읍시다.
2. 하나님 안에서 사람과 자연이 한 몸임을 고백한다. - 1) 매일 정오에 신음하는 피조물을 위하여 기도합시다. 2) 자연에서 울려오는 하나님의 음성을 들읍시다. 3) 단순소박하고 불편한 삶을 즐깁시다.

하여 '녹색교회'를 선정, 시상하고 명패를 달아주고 있습니다. 첫 해에는 내동교회*, 백석교회, 석포교회*가, 2007년에는 광동교회*, 들녘교회, 송악교회가, 2008년에는 신양교회*, 지평교회, 청파교회가, 그리고 2009년에는 서울복음교회, 쌍샘자연교회*, 평화의교회, 향린교회가, 그리고 2010년에는 고기교회*, 동녘교회, 받들교회, 아름다운교회*, 용진교회, 황지중앙교회*가, 2011년에는 동면교회, 새터교회, 완도제일교회, 은광교회*, 하남영락교회*가, 2012년에는 갈계교회, 오봉교회, 주산교회*, 청지기교회*, 하늘담은교회*가, 2013년에는 기쁜교회, 성북교회, 작은교회*, 전주예벗

[교육] 3. 창조보전에 대하여 교육한다. 1) 녹색의 눈으로 성경을 읽읍시다. 2) 창조신앙 사경회 및 특강, 세미나를 개최하고 참여합시다. 3) 자연과 희로애락을 함께 합시다.

4. 어린이와 청소년을 친환경적으로 키운다. 1) 환경교실(주말, 캠프)을 운영합시다. 2) 간식을 줄입시다. 3) 아나바다 운동에 참여시킵시다.

[조직] 5. 환경을 살리는 교회조직을 운영한다. 1) 환경 전담부서를 둡시다. 2) 환경을 살리는데 예산을 사용합시다. 3) 환경 전담 사역자를 둡시다.

6. 교회가 절제하는 생활에 앞장선다. 1) 행사를 간소하게 하고, 불필요한 행사를 줄입시다. 2) 냉난방을 절제합시다. 3) 일회용품을 사용하지 맙시다.

[친교] 7. 생명밥상을 차린다. 1) 국내산 유기농산물을 애용합시다. 2) 가공식품과 외식을 삼가하고, 제철음식을 먹읍시다. 3) 쓰레기 제로, 빈 그릇 운동에 동참합시다.

8. 교회를 푸르게 한다. 1) 교회 담장을 없애고, 주차장을 작은 숲으로 바꾸어갑시다. 2) 녹색 에너지를 이용합시다. 3) 교회에 오갈 때는 걷거나 자전거나 대중교통을 이용합시다.

[봉사] 9. 초록가게를 운영한다. 1) 환경 정보를 나눕시다. 2) 환경 상품을 애용하고 권장합시다. 3) 도농직거래 장터를 운영합시다.

10. 창조보전을 위하여 지역사회와 연대한다. 1) 교회가 지역의 환경 센터가 됩시다. 2) 주변의 교회들과 창조보전을 위해 함께 일합시다. 3) 환경 정화와 감시 활동을 합시다.

교회, 정읍중앙교회*, 혜현교회*가 녹색교회로 선정되었습니다. (*표 교회가 예장 통합측 교단임).

그리고 2012년 5월에는 이들 교회 중 본 교단에 속한 곳이 중심이 되어 '예장 녹색교회협의회(공동대표: 곽은득, 박희영, 손은하, 이상진/ 기획실무위원: 이진형(총무), 백영기, 유미호, 조상식)'를 조직하였습니다. 창조질서의 회복을 꿈꾸는 목회자들과 평신도 30여 명이 참석한 가운데 첫 발을 내딛은 협의회는, 분기별 소식지를 통해 생명목회와 녹색교회에 관한 소식을 나누고, 정기모임을 통해 녹색교회의 경험과 노하우를 나누고 있습니다. 이런 활동의 결과물들은 추후 교단 내 녹색교회 운동의 저변을 자연스럽게 확대시킬 것이라 생각합니다.

한편 녹색교회 운동은 총회 '생명살리기 10년' 프로젝트로도 전개되었습니다. 총회 사회봉사부가 세계선교협의회(CWM) 선교프로그램에 '녹색교회 사업'으로 기금지원을 요청하여 광주동, 안양, 영주, 전남의 4개 노회가 2006년 한 해 동안 구체적인 녹색교회 만들기 운동을 전개하게 되었고, 그 내용은 다음과 같습니다.*

— 광주동노회(주산교회 중심): 담양호 일대 및 영산강 유역 정화활동, 청계천 및 태화강 탐방, 무등산 및 광주호 생태공원 체험, 환경선교세미나, 3개 교회(로뎀, 추월산, 하남장수교회)에 태양광발전소 설치

* 4개 노회의 자세한 실천사항은 '하나님 나라와 생명살림 실천'(총회, 2009 발행) 참고.

— 안양노회(청지기교회 중심): 자연학교 개최, 녹색영성 수련회, 안양지역 생태기행, 환경주일 연합예배, 환경선교세미나 개최

— 영주노회(옥방교회 중심): 녹색교회 생명선교 수련회, 녹색살림터 개설, 생명농업 현장 탐방 및 생명밥상 빈그릇 운동, 녹색교회 활동가 모임 및 교육, 4개 교회 연합 생명캠프, 환경농업 생산지 방문, 환경선교 세미나 개최

— 전남노회(서광주교회 중심): 녹색교회 운동, 하천정화 활동, 좋은 동네 꾸미기 사업, 폐병 폐비닐 수거작업, 환경선교 세미나 개최

이들 노회 사업은 주관하는 교회가 중심이 되어, 노회가 환경문제에 관심을 갖고 활동하게 하였을 뿐 아니라 지역사회 내에서 지속적으로 환경운동을 전개하는 모델을 만들어가는 기회를 제공한 것으로 평가되고 있습니다.

녹색교회가 걸어온 여덟 가지 길

지구 위기 앞에서 녹색교회들이 전개해온 실천들은 다음 여덟 가지로 설명되고 있습니다.

첫째는 하나님께로부터 오는 햇빛과 바람 등에서 얻는 '재생에너지로의 전환'입니다. 우선 부천의 지평교회와 서울의 청파교회는 자체 예산으로 옥상에 3kW의 햇빛발전기를 설치하였고, 그를

통해 생산한 전기를 국가 기준가의 7배나 높은 가격으로 한전에 판매하여 한 해 동안 250여만 원 가량의 햇빛기금을 모아 마을을 위해 사용하고 있습니다. 서울의 광동교회는 지역아동센터가 있는 교육관 지붕에 햇빛발전기를 설치하였는데, 설치비의 50%는 에너지관리공단 신재생에너지센터가 지원하였습니다. 또한 한전 전력계통과 연결하였기에, 낮에 생산된 전기를 자체에서 사용하다가 남으면 전력회사에 소매가로 판매하고, 밤에는 다시 전력회사에서 구입해 사용하고 있습니다. 또 예장 총회에서는 로비 한 편에 '자전거 발전기'를 설치하여 전기를 생산했을 뿐 아니라 제작 워크숍을 열어 고기, 부천제일, 쌍샘자연, 성문밖, 청지기교회에 1대씩 보급하기도 했습니다. 뿐만 아니라 신음하는 피조물 앞에 부끄럽지 않게 햇빛과 바람, 자전거발전기로 불을 켜는 '친환경십자가' 워크숍을 열고 캠페인을 전개하고 있습니다.

둘째는 적정한 실내온도와 조명, 그리고 대기전력 차단을 통한 '전기 절약' 운동입니다. 여름에는 시원한 옷차림(쿨비즈)에 26~28°C를, 겨울에는 내복(웜비즈)을 입고 20°C 아래로 낮추고, 낮에는 햇빛에 의존하면서 덜 필요한 전등은 빼거나 LED 조명으로 교체하고, 십자가는 일몰 후 12시까지만 불을 켜도록 하고 있습니다. 더불어 전력피크 시간대(여름철 오후 2~5시, 겨울철 오전10~12시, 5~7시)에는 전기 사용을 자제하고, 개별접지 멀티 탭을 설치하되 보이는 곳에 두고 쓰지 않을 때는 반드시 끄게 하여 '전기절약을 통한 하나님 사랑'을 실천하고 있습니다. 이는 교회에서 뿐만 아니라 구역별로 가정에서의 실천을 통한 절감량을 모아 '교회 절전소'*를 세우는 것으로까지 확대되고 있습니다.

셋째는 '생활 속 CO2 줄이기' 운동입니다. 교인 한 사람 한 사람에게 전기, 가스, 수도, 자동차 주유비 등 자신들이 생활 구석구석에서 발생시키는 CO2를 '에너지가계부'에 기록하게 하여, 자신이 지구에 얼마나 고통을 안겨주는지를 알게 함으로써 스스로 '해야 할 바'를 하도록 하고 있습니다. 때로 이 운동은 하늘담은교회에서와 같이, '재의 수요일'에 '한 등 빼기'로 시작하는 '사순절 탄소금식' 프로그램으로까지 이어지기도 하였습니다. 한편 서울 관악구에 있는 신양교회와 부천의 지평교회는 매월 마지막 주일을 '차 없는 주일'로 지키고 있습니다. 주일마다 빼곡히 들어서던 교회 주차장을 비워두고 맑은 공기와 함께 맞이하는 주일은, 고요 가운데 몸과 마음을 모을 수 있다고 합니다. 처음엔 힘들다고 하지만 걷거나 자전거를 이용하거나 대중교통을 이용하다 보면, 조금 불편한 것이 지구는 물론 하나님의 마음까지 시원하게 할 수 있음을 고백하게 된다고 합니다.

넷째는 나무를 심고 가꾸게 하는 '교회를 푸르게' 하는 운동입니다. 하나님이 만드신 처음 동산으로서의 숲을 회복하는 것은 이산

* '절전소'란 네가와트(Negawatt) 곧 '쓰지 않아 남은 전력'을 말한다. 교우 가정의 작년 대비 절감량을 모아놓으면 그 총량이 '교회 절전소'가 된다.

화탄소를 줄이는 적극적 방법입니다. 2000년 이후로 교회 녹화 시범교회에 참여했던 서울성남, 성답, 월곡 등은, 교회의 담장을 헐고 나무울타리를 세우거나 마당에 작은 동산을 만들어 회색도시에 푸르름을 더하였습니다. 마당이 없는 교회라면 옥상에 하늘동산을 가꾸거나 자투리땅을 찾아 나무와 꽃을 심고 텃밭을 가꾸었습니다. 광동은 교회 내부만이 아니라 마을에 방치되어 있는 곳까지도 찾아내어 한 평 공원으로 되살려내었습니다. 고기, 받들, 쌍샘, 송악, 작은, 청지기의 경우는 교회 동산을 활용하여 자연학교 내지는 생태캠프를 운영함으로 둔감해져가고 있는 생태감수성을 일깨우는 데 기여하고 있습니다.

다섯째는 '초록가게'를 통한 자원 재활용, 재사용 실천운동입니다. 백석, 새터, 은빛, 부천제일, 하늘담은, 황지중앙 등은 초록가게를 열어 아나바다고(아껴쓰고 나눠쓰고 바꿔쓰고 다시쓰고 고쳐쓰고)의 재활용 재사용 문화를 확산시키고 있습니다. 고효율 제품이나 환경에 피해를 덜 주는 환경상품의 사용도 권장하고 있는데, '교회주보를 재생 복사용지로', '화장실 화장지를 재생화장지로' 바꾸도록 유도하고, '교회학교 학생들이 사용하는 문구류도 친환경제품으로' 바꾸는 실천을 주도하고 있습니다.

여섯째는 몸과 마음은 물론 땅을 살리는 생명의 먹을거리로 밥상을 차려 남김없이 먹는 '생명밥상운동'입니다. 2002년 이후로 생명밥상 교육과 캠페인에 참여하였던 교회들은 지금껏 국내산 유기농산물(특히 쌀)을 나누며, 육식을 삼가고 곡채식을 즐기거나 음식물쓰레기 배출을 제로화 해가는 빈그릇 실천에 힘쓰고 있습니다. 최근 들어서는 기후 붕괴와 공장식 축산에 따른 재앙에 맞서서 채식을 주목하고 있는데, 교회적으로 주일 밥상이든 평일 중 하루만이라도 채식하는 캠페인을 전개하거나 '고기 없는 주일'을 지키고 있습니다. 한 사람이 한 주에 하루 온전히 채식하되 7명이 모이면 숲을 1천여 평 지킬 수 있다는 믿음을 갖고서 말입니다.

일곱째는 하나님 만드신 생명공동체를 세우는 일의 주체가 될 곳으로서의 '마을' 내지는 '공동체' 만들기 실천입니다. 경북 군위의 작은교회나 경기도 포천의 사랑방, 그리고 청주 쌍샘자연의 경우를 보면, 교회가 중심이 되어 개인이 흙과 더불어 생태적 삶을 살아가게 할뿐 아니라 세상을 변혁시킬 수 있는 지역공동체 곧 마을을 회복해가기 위한 다양한 실천에 힘쓰고 있습니다.

여덟째는, '녹색교회' 실천의 중심이라고도 할 수 있는 '녹색 그리스도인' 세우기이다. 앞서 설명된 실천을 통해서도 훈련될 수 있으나 '녹색교회'로 서가고 있는 교회들 대부분이 중심에 놓고 있는 것은 '창조신앙, 생태영성'에 관한 교육과 훈련입니다. 주일 예배 때 선포되는 말씀은 물론, 창조신앙사경회, 그리고 '환경통신강좌(12주제를 말씀묵상, 환경이론, 생활훈련의 틀로 교육함)'와 같은 교육프로그램을 활용하기도 합니다. 그리고 또 한 가지, 사순절 등의 교회 절기와 환경력에 맞춰 '지구를 위해 없이 지내는 주일'*을 정해 지구 위기 시대에 그리스도인이 '하지 말아야 할 것들'에 대해 성찰하면서 행동을 바꿀 수 있도록 하는 실천도 좋은 예라 할 것입니다.

녹색교회가 있어 내일의 희망을 본다

이상의 녹색교회의 실천은 최근 기독교와 교회에 대한 부정적 이미지의 극복을 넘어 '지구 절멸의 위기'라는 상황 속에서 교회의 본질과 사명을 새롭게 하는 대안 교회의 모델로까지 이야기될 수 있지 않을까 싶습니다.

이들 녹색교회가 있어, 지구 멸절의 위기상황 속에서도 우리는 내일의 희망을 봅니다. 이 땅에 있는 모든 교회들마다 하나님 지으신 모든 생명이 행복한 그 날을 위해, 조금 불편하더라도 '온 생명을 풍요롭게' 할 수 있는 길을 걷게 되기를 기도합니다. 혹 그러한 실천으로는 머지않아 다가올 대재앙을 막기에 역부족이라며, 반론하거나 실천을 주저하는 이들이 있을 지도 모릅니다. 그러나 상황이 어렵다고 손을 놓고 있을 수만은 없는 일입니다. 주님께서 우리가

* '지구를 위해 없이 지내는 주일'은 『기후붕괴 시대, 생명을 살리는 교회 환경교육』(도서출판 동연)을 보면 자세히 안내받을 수 있는데, 우선 몇 가지 살펴보면 다음과 같다. '일회용 컵 없는 주일', '비닐 없는 주일', '고기 없는 주일', '종이 없는 주일', '잔반 없는 주일', '전기 없는 주일', '차 없는 주일', '첨가물 없는 주일', '소비 없는 주일', '말 없는 주일' 등.

지극히 작은 일에 충성하는 것을 보신다면 칭찬하시며 더 큰 일을 맡기실 것이요, '새 하늘과 새 땅'을 허락해주실 것입니다. 우리의 이 작은 믿음이, 우리의 행동을 바꾸어 생명을 살리는 기적을 이루어낼 것이라 믿습니다.

다행히 우리에게는 아직 시간이 있습니다. 전문가들은 위기에 처한 지구와 그 안에서 살아가고 있는 수많은 생명들의 미래가, 앞으로 10여 년 동안 우리가 어떻게 하느냐에 달려있다고 말합니다. 다가올 7년의 흉년을 잘 극복했던 요셉의 지혜를 우리 모두가 구하여 얻을 수 있기를 간구합니다.

예장녹색교회협의회

대한예수교장로회 녹색교회협의회는 기독교환경운동연대와 한국교회협의회(NCCK)에서 하나님의 창조세계 보전과 생명문화 운동에 앞장서는 녹색교회로 선정된 교단 내 교회들과 녹색교회를 지향하는 교회들의 모임입니다. 예장 녹색교회협의회는 총회 사회봉사부 환경보전위원회와의 긴밀한 협력 안에서 총회 사회봉사부 환경보전위원회가 매년 진행하는 환경선교정책협의회와 환경지도자학교를 통하여 교회의 환경보전 사역에 대한 역량을 지속적으로 강화해 나가고, 관계를 맺어나가고 있습니다. 예장 녹색교회협의회는 앞으로 모든 교회가 하나님의 창조세계 보전과 생명문화 운동에 앞장서는 녹색교회가 되도록, 회원 교회 간의 환경보전 사역에 관한 전문적 지식을 공유하고 총회 산하 각 노회와 지교회의 환경보전 사역에 협력해 나갈 것입니다.

상임대표로 곽은득 목사(작은교회), 공동 대표로 박희영 목사(고등교회), 손은하 목사(전서노회), 이상진 목사(황지중앙교회), 실무 위원으로 백영기 목사(쌍샘자연교회), 유미호 실장(기독교환경운동연대), 조상식 장로(총회 사회봉사부), 그리고 총무로 이진형 목사(청지기교회)가 있습니다.

네이버 예장 녹색교회협의회 카페:
http://cafe.naver.com/greenchurchnet

(사)한국교회환경연구소
: 기독교환경운동연대 부설기관

산업화로 인한 공해가 사회문제로 등장했던 1982년에 '한국공해문제연구소'로 첫 발을 내딛었습니다. 1997년 기독교환경운동연대로 확대 개편되면서, 한국교회환경연구소는 부설기관으로 자리를 잡고, 기독교 정신을 바탕으로 한 환경운동, 절제운동, 신앙운동을 벌이고 있습니다. 특히 조사연구 및 교재개발과 교육을 통해 녹색그리스도인과 녹색교회로의 전환을 이루고자 노력하고 있습니다. 초록별 지구에서 모든 피조물들이 평화롭게 살아가는 그날까지 우리의 창조보전을 위한 노력은 계속될 것입니다.

♣ 녹색교회운동

· '녹색교회 21' 의제를 바탕으로 창조보전운동과 녹색그리스도인의 삶을 안내합니다.
· 녹색교회 선정 및 시상
· 녹색교회 10다짐 제정

♣ 환경주일 지키기

1984년부터 세계 환경의 날을 기념하며 6월 첫 주일을 환경주일로 지키며, 예배문, 설교문, 기도문과 포스터 및 전도지를 발간하고 있습니다.

· 행사 지원 : 사진전시회, 비디오상영, 창조신앙사경회, 환경특강, 환경정화활동, 알뜰시장

♣ 생명밥상운동

제철에 나온 우리 농산물로 먹을 만큼의 밥상을 차리고 깨끗이 비움을 통해 우리 몸과 지구를 살리는데 앞장섭니다.

· 국내산 유기농산물 애용 및 빈그릇 실천
· '몸과 마음을 살리는 생명밥상' 교재 보급
· 생명의 쌀 나눔 도농 교회 간 협약

♣ 지구온난화 억제 운동

· 햇빛발전소 등 재생에너지 이용확산
· CO_2 저감 캠페인(대중교통, 전기절약 등) 및 교육
· 자원 재사용 캠페인(되살림 운동 전개 절약 등) 및 교육
· 재생지 연필, 볼펜, 공책 등 재생종이 사용 캠페인 전개
· '지구살리기 7년 프로젝트 - 착한 노래 만들기' 공연 진행

♣ 사막화 방지를 위한 '은총의 숲' 조성

몽골 울란바타르대학교 농과대학 및 연세대학교 CT연구단과 함께 '바트슙베르'지역에 양묘 및 식재, 푸른아시아와 함께 '바양노르' 지역에, 방풍림, 유실수 식재, Greensilkroad와 함께 '아르갈란트' 지역에 밀, 감자 농사 및 식재사업을 지원하고 있습니다.

♣ 환경교육 및 교재 개발

전 세대를 대상으로 자연과 가까운 곳에서 하나님의 창조섭리를 깨달을 수 있도록 교육하고, 교재 개발과 인재 양성을 위해 노력합니다.

· 환경통신강좌 실시(수시모집, 현재까지 2,700여명 수강)
· 생태신학세미나 개최
· 기독교환경대학 및 '생태적 삶'을 위한 생활훈련 실시
· 생태기행, 생태 캠프 운영 및 지원
· 지속가능한 세상을 여는 생활 속 환경교육

♣ 현안 대응 및 연대활동

· 창조보전을 위한 기도운동: 매월 기도제목 제공
· 환경단체 및 종교환경단체와의 연대
· 생명의 강 살리기 기독교행동
· 기독교 사회선교연대회의 등 기독교단체와의 연대

♣ 간행물 및 환경교육 자료 제작

· 정기간행물: 사무국 소식지 「녹색은총」(격월), 녹색신앙정론지 「새하늘 새땅」(연 2회), 생태달력(연 1회) 발간
· 영상: '생명의 동산', '무엇을 어떻게 할 것인가', '새하늘 새땅' 등
· 단행본: 『녹색성서 묵상 – 창조세계의 돌봄』, 『기후붕괴 시대, 아주 불편한 진실, 조금 불편한 삶』, 『생명을 살리는 밥상』, 『기후붕괴시대, 생명을 살리는 교회 환경교육』, 『생태적 삶을 추구하는 영성』, 『하나님, 사람, 자연 그 창조의 숨결』, 『자연과

인간의 아름다운 만남』, 『녹색의 눈으로 읽는 성서』, 『에덴동산을 꿈꾸는 교회』 등

서울 종로구 교남동 75 교남빌딩2층 전화 02-711-8905
kcei@chol.com http://www.greenchrist.org

한국교회환경연구소 발행도서

녹색 성서 묵상 –창조세계의 돌봄

칼라 반힐 지음/한국교회환경연구소 옮김
/신국판/264쪽/12,000원

생명을 살리는 밥상

생명밥상위원회 지음/한국교회환경연구소 엮음
/신국판/302쪽/15,000원

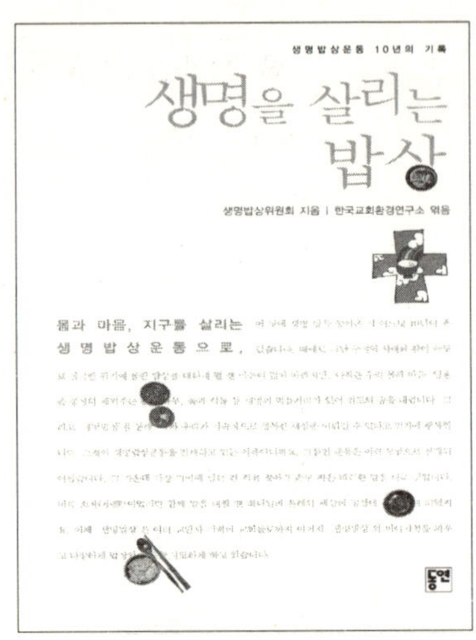

기후붕괴 시대, 아주 불편한 진실 조금 불편한 삶

한국교회환경연구소 엮음
/신국판/440쪽/16,000원

기후붕괴 시대, 생명을 살리는 교회 환경교육

유미호 지음/한국교회환경연구소 기획
/신국판/256쪽/13,000원

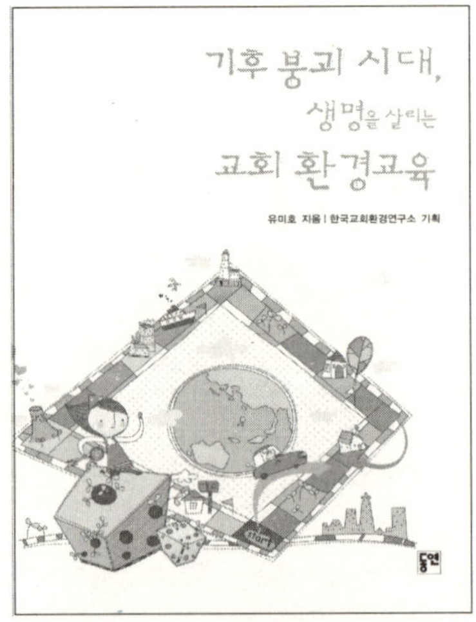